Curso Completo de Teoria Musical e Solfejo

Elaborado por
Belmira Cardoso e Mário Mascarenhas

Segundo Volume

Nº Cat.: 290-M

Irmãos Vitale Editores Ltda.
vitale.com.br
Rua Raposo Tavares, 85 São Paulo SP
CEP: 04704-110   editora@vitale.com.br   Tel.: 11 5081-9499

© Copyright 1974 by Irmãos Vitale Editores Ltda. - São Paulo - Rio de Janeiro - Brasil.
Todos os direitos autorais reservados para todos os países. *All rights reserved.*

Dados Internacionais de Catalogação na Publicação (CIP)
(Câmara Brasileira do Livro, SP, Brasil)

Cardoso, Belmira
    Curso completo de teoria musical e solfejo, 2º volume / elaborado por Belmira Cardoso e Mário Mascarenhas.   São Paulo : Irmãos Vitale

    1. Música - Estudo e ensino 2. Música - Teoria 3. Solfejo I. Mascarenhas, Mário II. Título.

ISBN nº 85-7407-098-X
ISBN nº 978-85-7407-098-8

96-2757   CDD - 780.7

Indices para catálogo sistemático:

1. Música : Estudo e ensino   780.7

ILUSTRAÇÃO DE BUTH

ÍNDICE

	Pág.
Compassos Compostos — Compassos Correspondentes	9
Síncope — Contratempo	17
Quiálteras Aumentativas e Diminutivas Quiálteras Regulares e Irregulares	21
Tons Vizinhos e Tons Afastados	31
Notas Comuns e Diferenciais	39
Acordes de 3 sons — Classificação e Inversões	44
Ordem Direta e Indireta dos Acordes Posição Unida e Afastada dos Acordes	54
Acordes de 4 sons	63
Acordes de 5 sons Acordes Consonantes e Dissonantes	70
Modulação	80
Uníssono nas Claves	89
Vozes	96
Legato e Staccato	106
Sinais de Abreviatura	112
Andamentos — Sinais de Intensidade	117
Escala Cromática — Outros Tipos de Escalas	123
Compassos Mistos — Compassos Alternados	133
Notas Atrativas	141
Enarmonia	146
Gêneros	158
Escala Geral	164
Transposição	171
Série Harmônica	184
Ornamentos — Apogiatura, Mordente Portamento e Arpejo	193
Ornamentos — Grupeto, Floreio, Cadência Trinado e Glissando	204
Ave Maris Stella (Hino de Pe. José Maurício)	215
Jesu Redemptor Omnium (Hino de Pe. José Maurício)	220

AGRADECIMENTO

Os autores agradecem a cooperação da Prof.ª Cleofe Person de Mattos, Titular da Escola de Música da Universidade Federal do Rio de Janeiro, Membro da Academia Brasileira de Música (Cadeira Padre José Maurício Nunes Garcia) e Diretora Artística da Associação de Canto Coral, por haver selecionado e realizado os baixos cifrados dos dois hinos do Padre José Maurício, incluídos nesta obra.

HOMENAGEM

Às ilustres Professoras do Conservatório Brasileiro de Música, Sofia Vieira de Freitas e Gilda Barbastefano Lauria, homenageamos com esta singela obra, pelo grande incentivo que têm dado ao ensino de Teoria Musical e Solfejo em nossa Pátria.

Homenageamos também com este livro o ilustre professor e amigo Roberval Falleiros, grande mestre e difusor da música em São Paulo.

Os Autores

PREFÁCIO

Há, nos dias de hoje, uma certa resistência por parte dos estudantes de música ao estudo do Solfejo. Não percebem eles, contudo, que só conseguirão ser bons músicos se souberem bem solfejar. O Solfejo é a base da cultura musical.

Eis a razão por que a maioria dos alunos não são felizes nos exames de Solfejo, embora possam brilhar em Teoria Musical.

Pensam os autores que o estudo separado das duas disciplinas é a causa principal do pouco interesse dos estudantes pelo Solfejo e, conseqüentemente, das dificuldades que encontram nos exames.

Daí a idéia de reunir as duas matérias em uma só obra, obrigando os alunos, sem o perceberem, à aprendizagem simultânea da Teoria Musical e do Solfejo.

A par desse entrosamento didático, as lições são transmitidas em linguagem singela, de modo a facilitar a compreensão sob todos os aspectos.

Estamos certos de que esta obra será bem recebida pelos nossos caros colegas, que sempre se aprimoraram nos seus ensinamentos, bem como pelos talentosos estudantes, futuros músicos do Brasil.

Belmira Cardoso
e
Mário Mascarenhas

HINO À SÃO JOÃO BATISTA

Consta que foi Guido D'Arezzo, célebre músico do século XI, quem deu nomes aos sons musicais aproveitando a primeira sílaba de cada verso do seguinte hino a São João Batista.

UT-RÉ-MI-FÁ-SOL-LÁ-SI

TRADUÇÃO — Purifica, bem-aventurado João, os nossos lábios polutos, para podermos cantar dignamente as maravilhas que o Senhor realizou em Ti. Dos altos céus vem um mensageiro a anunciar a teu Pai, que serias um varão insigne e a glória que terias.

Como a sílaba Ut era difícil de ser cantada, foi substituída por Dó. O Si foi formado da primeira letra de Sancte e da primeira de Ioannes.

Um coral de meninos daquela época costumava, antes de suas exibições em público, cantar este hino, pedindo com fé a São João Batista que protegesse suas cordas vocais.

INTRODUÇÃO

MÚSICA — é a arte de combinar os sons.

Os elementos fundamentais da Música são:
Melodia, Harmonia e Ritmo

MELODIA — combinação dos sons sucessivos.

HARMONIA — combinação dos sons simultâneos.

RITMO — movimento ordenado dos sons no tempo.

Observação:

A enumeração acima se refere a uma definição clássica; entretanto, hoje em dia, com os efeitos modernos de sons e inovações do ritmo e da harmonia, novos elementos têm sido acrescentados.

2º Volume
1ª Lição

PLANO DE AULA	APROVEITAMENTO
1º- Compassos Compostos	Teoria ....
2º- Compassos Correspondentes	Deveres ....
3º- Leitura Métrica	Leit. Métrica.....................
4º- Solfejo	Solfejo ....
5º- Ditado	Ditado ....

Compassos Compostos — São aqueles cuja unidade de tempo é representada por figura pontuada.

Tempos Ternários — São os tempos dos compassos compostos cujas figuras que os representam são divisíveis por 3.

Numeradores das Frações dos Compassos Compostos

São representados pelos seguintes números:

Compasso Binário Composto 6
Compasso Ternário Composto . . . 9
Compasso Quaternário Composto . 12

Os numeradores indicam a quantidade de terços de tempo para cada compasso.

O compasso composto abaixo, ($\frac{9}{8}$) é preenchido por 9 colcheias, sendo 3 para cada tempo, valendo cada uma um terço de tempo. A unidade de tempo é uma semínima pontuada.

cada colcheia vale um terço de tempo.

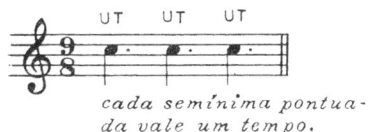
cada semínima pontuada vale um tempo.

Denominadores das Frações dos Compassos Compostos

Os denominadores das frações dos compassos compostos são: 2, 4, 8, 16, 32, 64, isto é, os mesmos dos compassos simples. Os denominadores indicam a qualidade da figura que representa um terço de tempo.

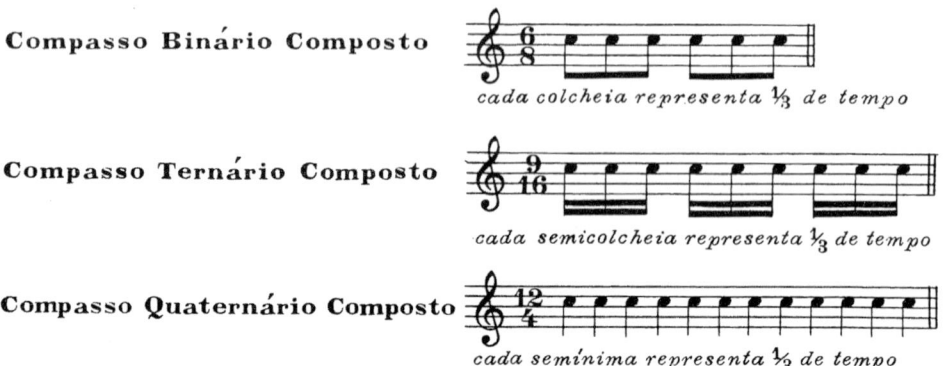

Compasso Binário Composto — cada colcheia representa ⅓ de tempo

Compasso Ternário Composto — cada semicolcheia representa ⅓ de tempo

Compasso Quaternário Composto — cada semínima representa ⅓ de tempo

Compassos Correspondentes

Há sempre um compasso simples correspondente de um compasso composto, ou um compasso composto correspondente a um simples.

São Compassos Correspondentes aqueles que têm o mesmo valor de unidade de tempo, sendo que no simples a figura é simples, e no composto a figura é pontuada.

O Compasso Simples $\frac{2}{4}$ é correspondente do Composto $\frac{6}{8}$.

Como encontrar os Compassos Correspondentes

Para se achar um compasso composto correspondente de um simples, multiplica-se o numerador da fração do simples por 3 e o denominador por 2.

Binário	Ternário	Quaternário
2 × 3 = 6	3 × 3 = 9	4 × 3 = 12
4 × 2 = 8	4 × 2 = 8	4 × 2 = 8

Para se encontrar o compasso simples correspondente de um composto, divide-se o numerador da fração do composto por 3 e o denominador por 2.

Binário	Ternário	Quaternário
6 ÷ 3 = 2	9 ÷ 3 = 3	12 ÷ 3 = 4
8 ÷ 2 = 4	8 ÷ 2 = 4	8 ÷ 2 = 4

O compasso simples cujo denominador é 64, não tem correspondente por exigir menor valor que a semifusa. O compasso composto cujo denominador é 1, também não tem correspondente simples.

Unidade de Tempo e de Compasso

A **Unidade de Tempo** do compasso composto é a figura pontuada que equivale às 3 figuras que correspondem aos 3 terços de cada tempo.

A **Unidade de Compasso** do composto é a figura pontuada que preenche o compasso. Esta figura equivale à soma das figuras pontuadas das unidades de tempo.

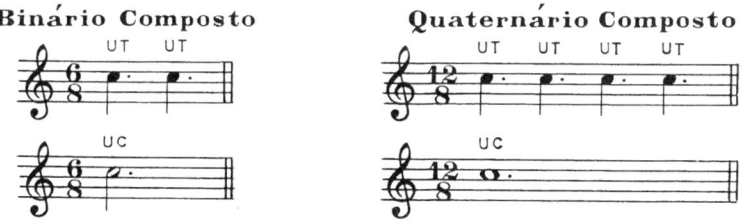

Unidade de Som

Já no compasso ternário composto a unidade de compasso não pode ser representada por uma só figura: é formada por uma figura pontuada valendo 2 tempos, ligada a outra, também pontuada, de 1 tempo.

A unidade de compasso, assim representada, chama-se **Unidade de Som**.

Quadro dos Compassos Compostos

Partes Fortes e Partes Fracas dos Tempos dos Compassos Compostos

Os compassos compostos têm a mesma acentuação métrica dos compassos simples, em relação aos tempos.

No compasso composto, as acentuações das partes de tempo são: 1ª parte forte e 2ª e 3ª fracas.

Como Marcar os Compassos Compostos
(Pela subdivisão dos tempos)

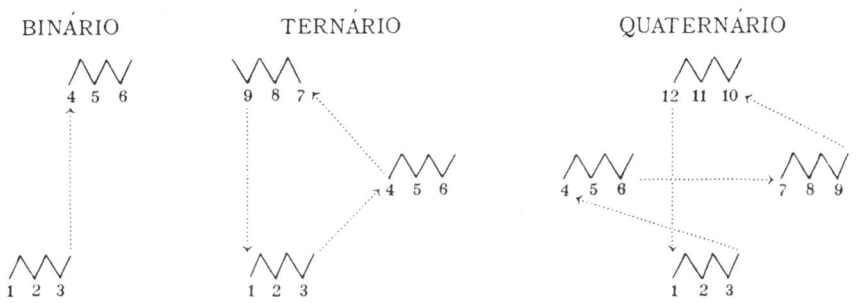

Questionário

1º - Que são compassos compostos?

2º - Que são tempos ternários?

3º - Quais os numeradores das frações dos compassos compostos?

4º - E os denominadores?

5º - A figura do denominador do compasso composto indica a unidade de tempo ou um terço de tempo?

6º - Que são compassos correspondentes?

7º - Como achar um compasso composto correspondente de um simples?

8º - Como achar um compasso simples correspondente de um composto?

9º - Como se denomina a unidade de compasso do ternário composto?

Deveres

1º) Formar unidade de tempo e de compasso das seguintes frações: $\frac{6}{8}, \frac{9}{4}, \frac{12}{16}, \frac{9}{2}, \frac{12}{32}$ e $\frac{6}{4}$.

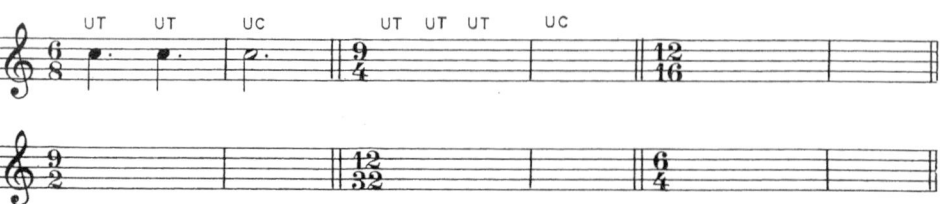

2º) Achar os compassos correspondentes das seguintes frações: $\frac{2}{2}, \frac{9}{2}, \frac{4}{8}, \frac{3}{16}, \frac{4}{4}, \frac{3}{1}, \frac{12}{32}, \frac{12}{64}$ e $\frac{6}{16}$.

Modelo: $2 \times 3 = 6$ $9 \div 3 = 3$
         $2 \times 2 = 4$ $2 \div 2 = 1$

3º Separar por barras os compassos compostos dos trechos abaixo.

Notas na Clave de Dó, 1ª Linha

A nota colocada na 1ª linha, onde a clave de **Dó** foi assinada é Dó.

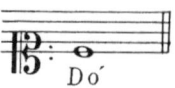

Notas acima da 1ª linha

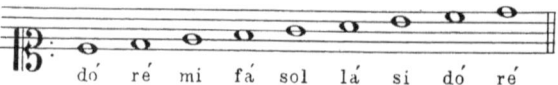

Notas abaixo da 1ª linha

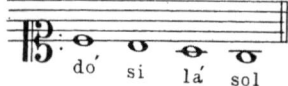

Escala em Dó Maior

Leitura Métrica

Clave de Dó, 1ª Linha

Compassos Compostos

Clave de Fá, 4ª Linha

SOLFEJOS

DITADO

Os ditados podem ser feitos também nos compassos compostos nas seguintes frações: $\frac{6}{8}$, $\frac{9}{8}$ e $\frac{12}{8}$.

2ª Lição

PLANO DE AULA	APROVEITAMENTO
1º - Síncope	Teoria.................................
2º - Contratempo	Deveres...............................
3º - Leitura Métrica	Leit. Métrica........................
4º - Solfejo	Solfejo................................
5º - Ditado	Ditado................................

Síncope

Chama-se Síncope à prolongação de um som do tempo fraco ou parte fraca do tempo, ao tempo forte ou parte forte do tempo seguinte.

a) Síncope formada por notas prolongadas do tempo fraco ao tempo forte seguinte.

b) Síncope formada por notas prolongadas da parte fraca de tempo à parte forte do tempo seguinte.

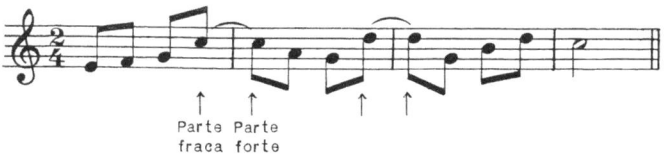

Dentro do mesmo compasso, as notas ligadas que formam a síncope geralmente são substituídas por uma só nota, que representa o mesmo valor.

Síncope de duas notas ligadas.

Síncope de uma só nota.

Síncope Regular e Irregular

Regular — quando as notas que formam a síncope têm os mesmos valores.

Irregular — quando as notas que formam a síncope são de valores diferentes.

Contratempo

Contratempo — quando as notas são executadas em tempos fracos ou partes fracas dos tempos e intercaladas por pausas nos tempos fortes ou partes fortes dos tempos.

Contratempo com pausas de semínimas nos tempos fortes.

Contratempo com pausas de colcheias nas partes fortes dos tempos.

Contratempo Regular e Irregular

Regular — quando a nota e a pausa têm a mesma duração.

Irregular — quando a nota e a pausa têm durações diferentes.

Questionário

1º - Que é Síncope?
2º - Quando a Síncope é Regular e Irregular?
3º - Que é Contratempo?
4º - Quando o Contratempo é Regular e Irregular?

Deveres

1º) Indicar as Síncopes Regulares e Irregulares nos trechos abaixo:

2º) Indicar os Contratempos Regulares e Irregulares nos trechos abaixo, nos tempos e partes de tempo.

Leitura Métrica
Clave de Fá, 4ª Linha

Clave de Dó, 1ª Linha

SOLFEJOS

DITADO
De acordo com os solfejos da aula.

3ª Lição

PLANO DE AULA	APROVEITAMENTO
1º - **Quiálteras**, Aumentativas e Diminutivas	Teoria.............................
2º - **Regulares e Irregulares**	Deveres...........................
3º - **Leitura Métrica**	Leit. Métrica..................
4º - **Solfejo**	Solfejo.............................
5º - **Ditado**	Ditado.............................

Quiálteras

Quiálteras — são grupos de valores que aparecem em maior ou menor quantidade do que deviam, em relação ao Signo de Compasso.

Sobre o grupo destes valores alterados, coloca-se um número indicando a quantidade de figuras, e sobre este um arco, ou uma chave ou somente o número.

As Quiálteras podem ser Aumentativas ou Diminutivas

Quiálteras Aumentativas — são aquelas cujas somas dos valores excedem ao valor ou ao grupo de valores normais.

Quiálteras Diminutivas — são aquelas cujas somas dos valores são menores que o valor ou grupo de valores normais.

Quiálteras Regulares

Quiálteras Regulares — são grupos de valores alterados, que no Compasso Simples possuem mais a metade do valor do grupo normal e no Compasso Composto possuem menos um terço do valor do grupo normal.

Quiálteras Regulares no Compasso Simples

Mais a metade do valor normal.

Os grupos normais de 2, 4, 8, 16, 32 e 64 mais a metade, resultam em Quiálteras Regulares de 3, 6, 12, 24, 48 e 96.

Quiálteras Regulares no Compasso Composto

Menos $\frac{1}{3}$ do valor normal.

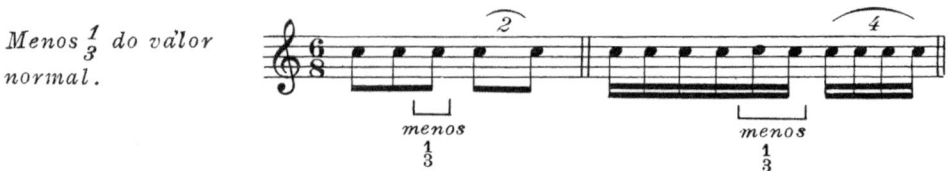

Os grupos normais de 3, 6, 12, 24, 48 e 96 menos $\frac{1}{3}$, resultam em Quiálteras Regulares de 2, 4, 8, 16, 32 e 64.

Compasso Simples	Compasso Composto
Grupos normais — Quiálteras	Grupos normais — Quiálteras
2 + 1 = 3	3 − 1 = 2
4 + 2 = 6	6 − 2 = 4
8 + 4 = 12	12 − 4 = 8
16 + 8 = 24	24 − 8 = 16
32 + 16 = 48	48 − 16 = 32
64 + 32 = 96	96 − 32 = 64

Pelos dois quadros acima, pode-se observar que as Quiálteras Regulares do Compasso Simples são grupos de valores alterados iguais aos grupos normais do Compasso Composto, e vice-versa, com figuras da mesma espécie.

Quiálteras Irregulares

Quiálteras Irregulares — são formadas por grupos alterados de 5, 7, 9, 10, 11, 13, 14, 15, 17 etc., por não pertencerem à divisão binária nem ternária dos valores estabelecidos.

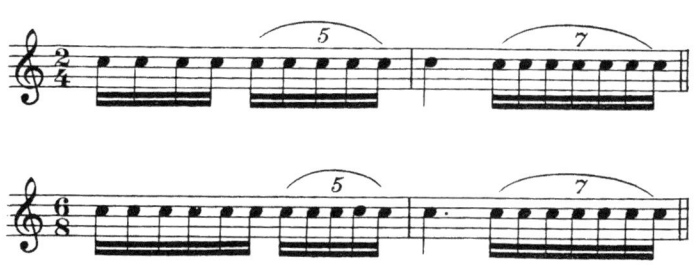

Quiálteras com Valores Diferentes

As quiálteras também podem ser formadas por figuras positivas e negativas de valores diferentes.

As quiálteras podem ser formadas nos tempos, nas partes de tempo e preenchendo o compasso.

Quadro de Quiálteras Regulares e Irregulares
(Correspondentes ao valor da Semínima)

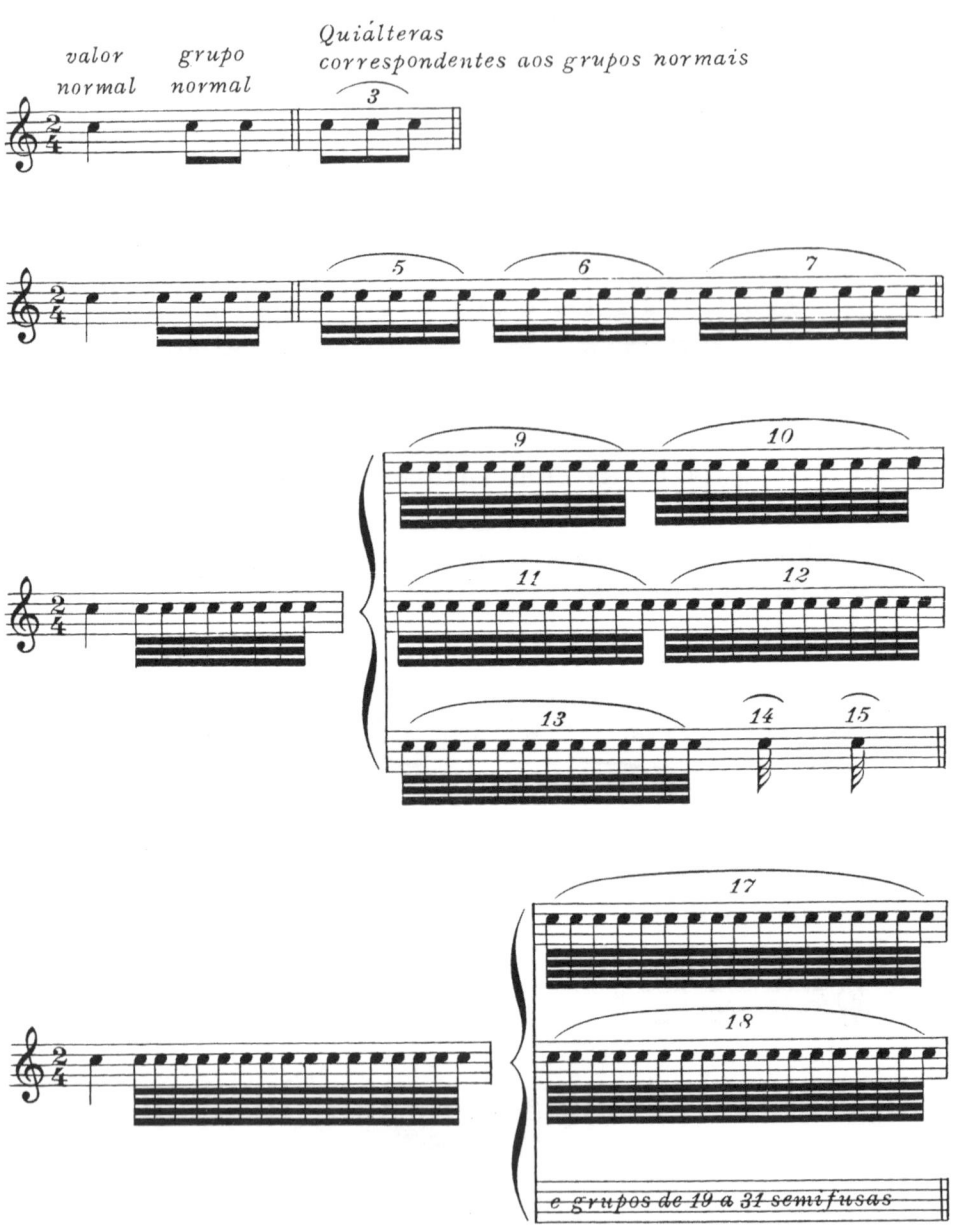

Este processo serve para todos os valores simples.

Quadro de Quiálteras Regulares e Irregulares
(Correspondentes ao valor da semínima pontuada)

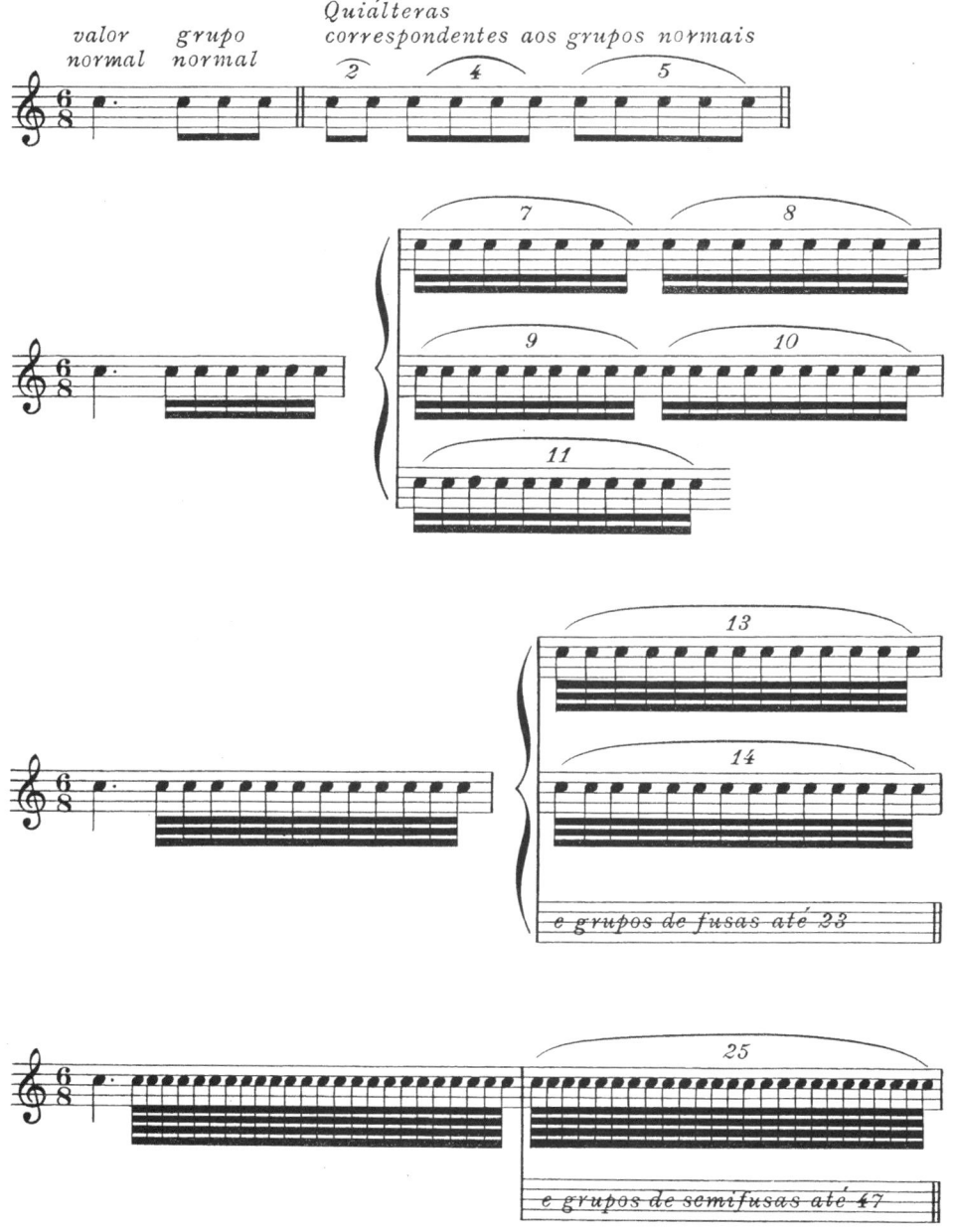

Este processo serve para todos os valores pontuados.

Questionário

1º - Que é Quiáltera?
2º - Como se representa uma Quiáltera?
3º - Que são Quiálteras Aumentativas?
4º - E Diminutivas?
5º - Que são Quiálteras Regulares?
6º - Que são Quiálteras Irregulares?
7º - Pode-se formar Quiálteras com figuras de valores diferentes?
8º - Quais as Quiálteras Regulares de Valores simples correspondentes a 4 colcheias, 2 semicolcheias e 8 fusas?
9º - Quais as Quiálteras Regulares de Valores pontuados correspondentes a 3 colcheias, 6 semicolcheias e 12 fusas?
10º - Quais os números que podem representar Quiálteras Regulares de Valores simples e pontuados?

Deveres

1º) Formar, na pauta de baixo, as quiálteras regulares correspondentes aos grupos normais indicados na pauta de cima.

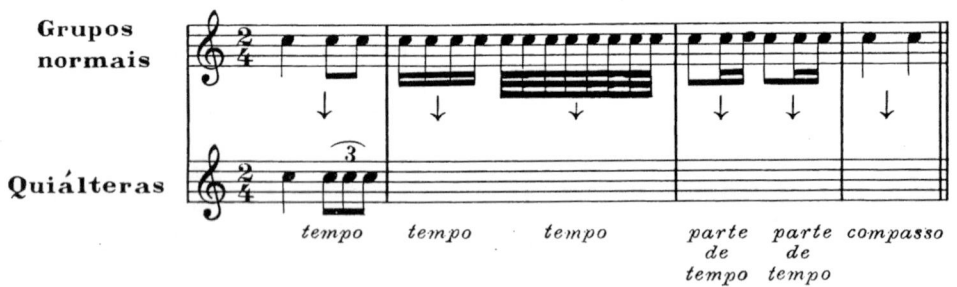

2º) Formar, na pauta de baixo, os grupos normais de valores simples, correspondentes às quiálteras colocadas na pauta de cima.

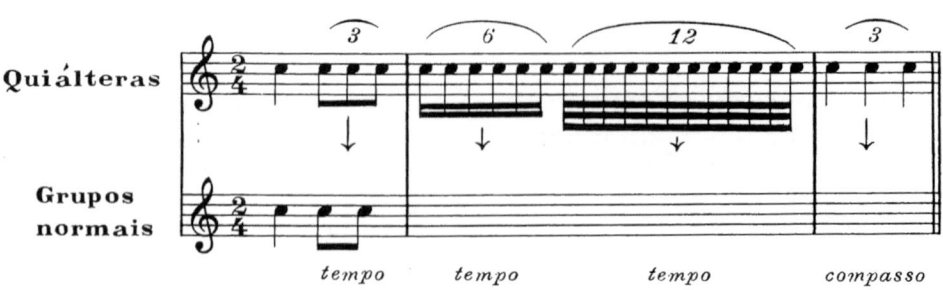

3º) Formar, na pauta de baixo, as quiálteras regulares correspondentes aos grupos normais de valores ternários colocados na pauta de cima.

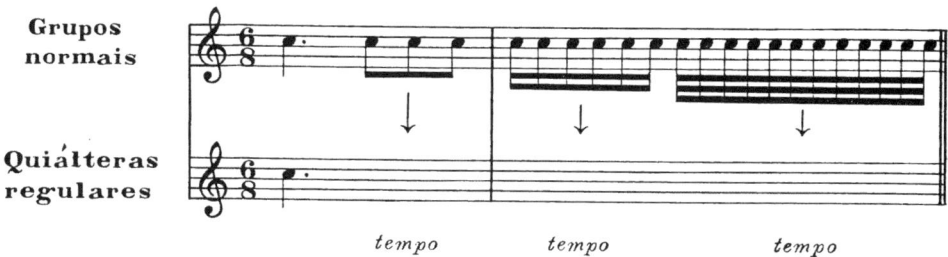

4º) Formar, na pauta de baixo os grupos normais de valores ternários, correspondentes as quiálteras na pauta de cima.

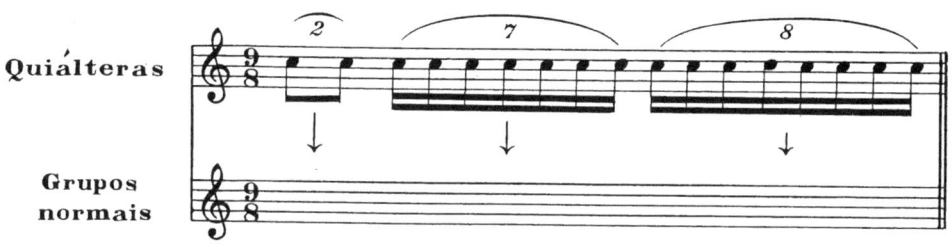

5º) Assinalar no exemplo abaixo quais as quiálteras aumentativas e diminutivas.

6º) Formar, todos os grupos de quiálteras irregulares em semicolcheias, correspondentes à semínima.

7º) Formar, todos os grupos de quiálteras irregulares em semicolcheias, correspondentes à semínima pontuada.

Leitura Métrica
Clave de Dó, 1ª Linha.
Quiálteras Regulares

SOLFEJOS

Quiálteras regulares nos tempos e nas partes de tempos.

Quiálteras Irregulares

Quiálteras Diminutivas

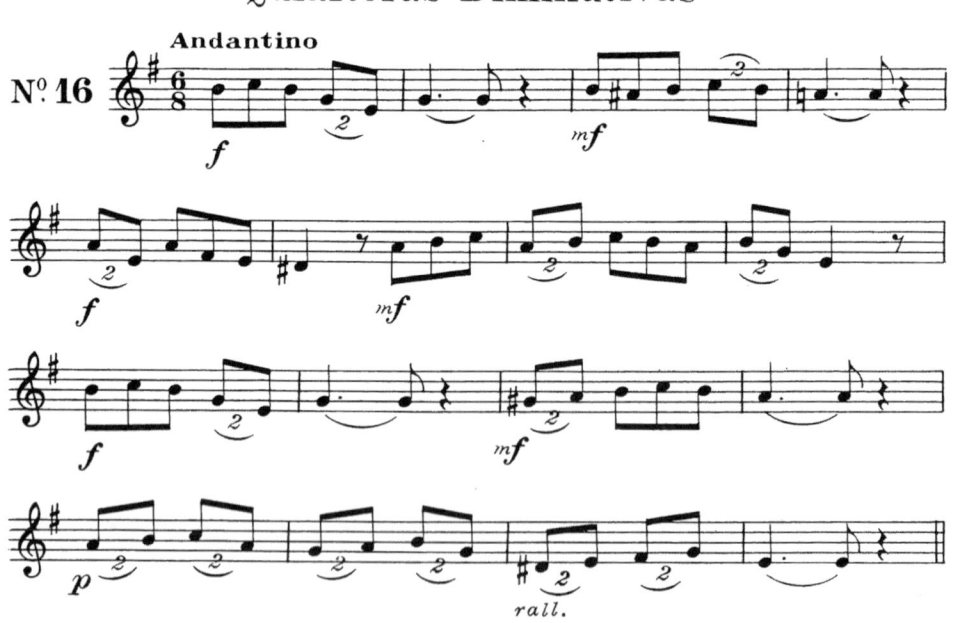

DITADO
Os ditados poderão ser feitos com quiálteras.

4ª Lição

PLANO DE AULA	APROVEITAMENTO
1º - Tons Vizinhos	Teoria
2º - Tons Afastados	Deveres
3º - Leitura Métrica	Leit. Métrica
4º - Solfejo	Solfejo
5º - Ditado	Ditado

Tons Vizinhos

Chamam-se **Tons Vizinhos** os que têm a mesma armadura de clave e os que têm um acidente a mais e um acidente a menos do tom principal.

Cada tom tem 5 tons vizinhos.

1º - O relativo do tom principal.
2º - O tom do mesmo modo, formado da Dominante do tom principal.
3º - O tom do mesmo modo, formado da Subdominante do tom principal.
4º - O relativo do tom da Dominante.
5º - O relativo do tom da Subdominante.

Os Tons Vizinhos podem ser Diretos ou Indiretos

Vizinhos Diretos — são 3: o relativo e os tons formados da Dominante e da Subdominante do tom principal.

Vizinhos Indiretos — são 2: o relativo do tom da Dominante e o relativo do tom da Subdominante.

Os tons vizinhos têm as armaduras com alterações da mesma espécie.

Com exceção de DÓ M, que não tem acidentes na armadura, os seus tons vizinhos aparecem da seguinte maneira: 2 tons com um sustenido na armadura, 2 tons com um bemol e seu relativo LÁ m, que não tem acidente.

O mesmo acontece com os tons vizinhos de LÁ m.

Tons Vizinhos de Si♭ Maior

Vizinhos Diretos

Sí♭ Maior

Fá Maior (*Dominante*)

Sol menor (Relativo de Si♭M)

Mi♭ Maior (*Subdominante*)

Vizinhos Indiretos

Ré menor (Relativo de Fá M)

Dó menor (Relativo de Mi♭M)

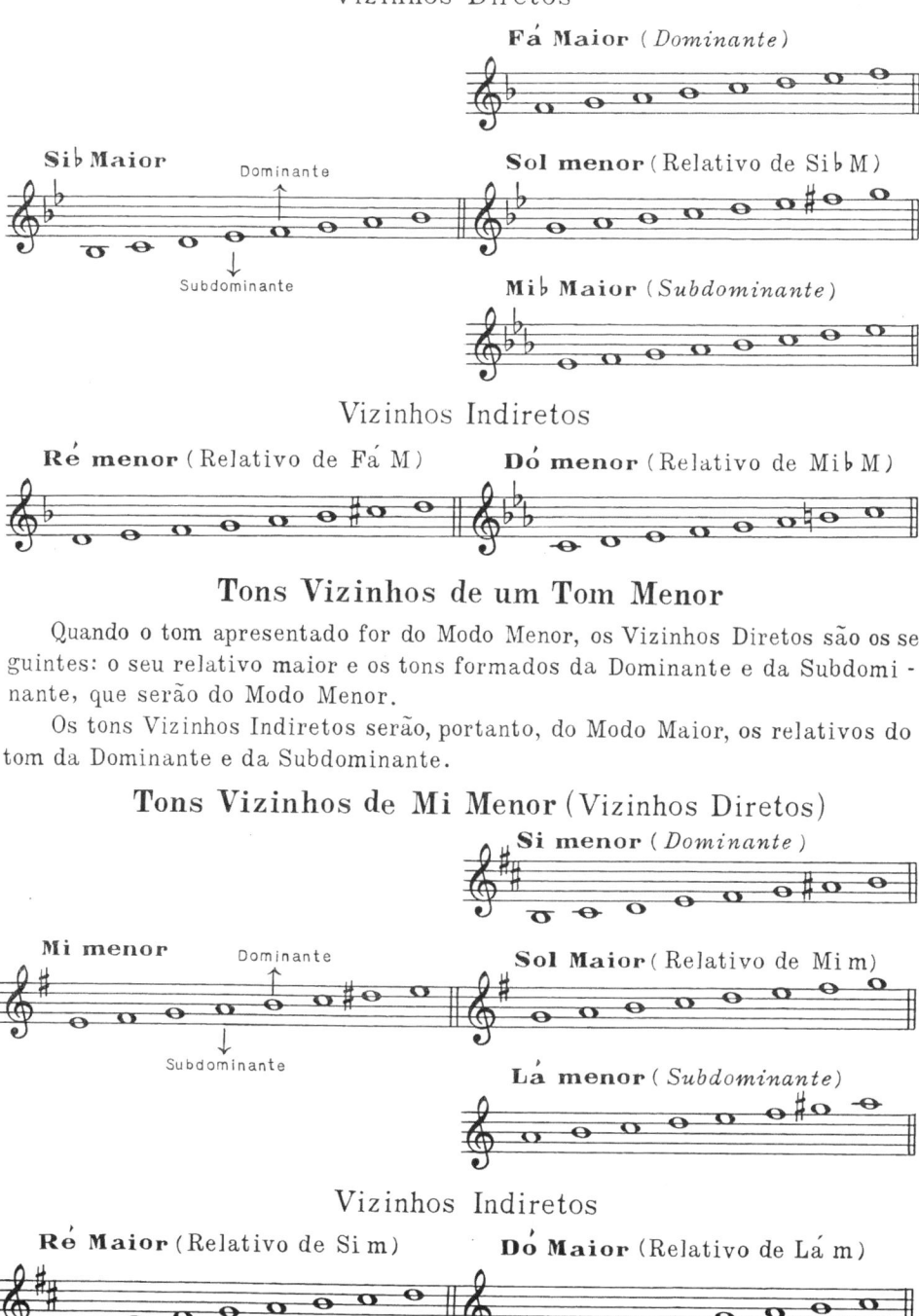

Tons Vizinhos de um Tom Menor

Quando o tom apresentado for do Modo Menor, os Vizinhos Diretos são os seguintes: o seu relativo maior e os tons formados da Dominante e da Subdominante, que serão do Modo Menor.

Os tons Vizinhos Indiretos serão, portanto, do Modo Maior, os relativos do tom da Dominante e da Subdominante.

Tons Vizinhos de Mi Menor (Vizinhos Diretos)

Mi menor

Si menor (*Dominante*)

Sol Maior (Relativo de Mi m)

Lá menor (*Subdominante*)

Vizinhos Indiretos

Ré Maior (Relativo de Si m)

Dó Maior (Relativo de Lá m)

Tons Afastados

Tons Afastados — são aqueles que não pertencem ao grupo dos tons vizinhos. Têm 2 ou mais acidentes, a mais ou a menos, da armadura do tom principal. Eles podem ter também armaduras com acidentes de espécies diferentes.

Tom de Sol Maior

Seus Tons Vizinhos e alguns Tons Afastados

Questionário

1º - Que são Tons Vizinhos?
2º - Quantos tons vizinhos tem cada tom?
3º - Quais são os vizinhos diretos de um tom?
4º - Quais os vizinhos indiretos?
5º - As armaduras dos tons vizinhos têm alterações da mesma espécie do tom principal?
6º - Quais os tons que não obedecem a esta regra?
7º - Que são tons afastados?
8º - Quando o tom principal é do modo menor, quais os modos dos tons da Dominante e da Subdominante?
9º - Quais os tons vizinhos de Lá Maior?
10º - Mi♭ Maior é tom vizinho ou afastado de Ré Menor?

Deveres

1º) Formar os tons vizinhos de Mi♭ Maior, apresentando as escalas, conforme modelo em Si♭ Maior.
2º) Dar os tons vizinhos de Si Menor, apresentando somente as armaduras e as tônicas dos tons.
3º) Dar 3 tons afastados de Lá♭ Maior, com armaduras de alterações da mesma espécie.
4º) Formar os tons vizinhos de Mi Maior e 5 tons afastados com armaduras de alterações diferentes.
5º) Apresentar, somente com as armaduras e as tônicas, os tons vizinhos de Sol Menor e Dó♯ Menor.

Leitura Métrica
Clave de Dó, 1ª Linha.

SOLFEJOS

Dó Maior e seus Tons Vizinhos

SOL MAIOR (*Vizinho direto de Dó Maior*)

Nº 21 — Moderato

FÁ MAIOR (*Vizinho direto de Dó Maior*)

Nº 22 — Larghetto

MI MENOR (*Vizinho Indireto de Dó Maior*)
Allegro

Nº 23

RÉ MENOR (*Vizinho Indireto de Dó Maior*)
Andante

Nº 24

DITADO

Nos tons e ritmos desta lição.

5ª Lição

PLANO DE AULA	APROVEITAMENTO
1º.- Notas Comuns e Diferenciais 2º.- Leitura Métrica 3º.- Solfejo 4º.- Ditado	Teoria .... Deveres .... Leit. Métrica .... Solfejo .... Ditado ....

Notas Comuns e Diferenciais

Entre dois ou mais tons, as notas iguais existentes entre eles chamam-se Notas Comuns, e as diferentes denominam-se Notas Diferenciais ou Características.

Entre o tom de Dó Maior e seus vizinhos, temos as seguintes Notas Comuns e Características.

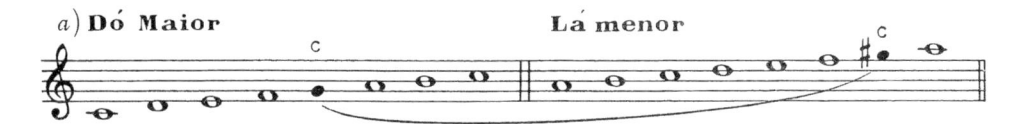

a) **Dó Maior**   **Lá menor**

As notas características são assinaladas por um **C** e as notas comuns sem sinal algum.

No exemplo acima, as notas características são: Sol e Sol#, que no tom de DÓ MAIOR o Sol é natural e em LÁ MENOR o Sol é sustenido. As outras notas são comuns porque são iguais.

b) **Dó Maior**   **Sol Maior**

Entre os tons de DÓ MAIOR e SOL MAIOR, as notas características são: Fá e Fá#, as outras são comuns.

c) **Dó Maior**   **Fá Maior**

Entre os tons de DÓ MAIOR e FÁ MAIOR, as notas características são: Si e Si♭. As outras são comuns.

d) **Dó Maior** **Mi menor**

Quando há mais de uma nota característica, a característica principal é a que mais caracteriza o tom; neste caso é a Sensível RÉ♯. As outras são características secundárias.

e) **Dó Maior** **Ré menor**

Entre os tons de DÓ MAIOR e RÉ MENOR, as notas características são: Dó - Dó♯ e Si - Si♭. Neste caso, a característica principal é Dó♯, que é a sensível de RÉ MENOR, por caracterizar melhor o tom. As outras são características secundárias.

Notas Características
entre o tom de Lá menor e seus vizinhos

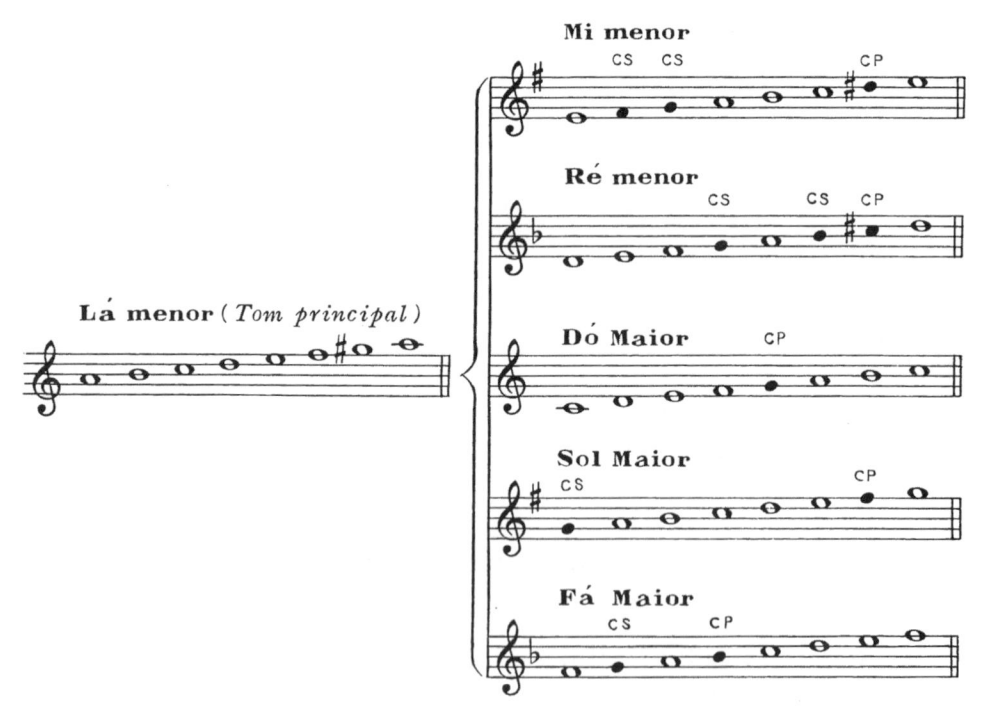

Lá menor (*Tom principal*)

Mi menor

Ré menor

Dó Maior

Sol Maior

Fá Maior

As notas comuns e características se encontram também nos Tons Afastados.

Questionário

1º - Que são notas comuns?
2º - Que são notas diferenciais ou características?
3º - Como se chama a nota característica que mais caracteriza o tom?
4º - Entre Si♭ Maior e Sol Menor, quais as notas comuns e características?
5º - Entre Dó Maior e Ré Menor, quais são as notas características?

Deveres

Indicar as notas comuns e características entre os tons de Sol M e Mi M, Si♭ M e Lá♭ M, Dó m e Ré m, Fá♯ m e Fá♯ M, colocando um **C** nas notas características.

Modelo

1º) **Sol Maior** **Mi Maior**

2º) Indicar as notas características dos tons vizinhos de Mi m, Sol m, Si♭ M, Dó m, comforme modelo de Lá Menor.

Leitura Métrica
Clave de Dó, 1ª Linha

Nº 25 Allegro

Clave de Fá, 4ª Linha

Nº 26

SOLFEJOS

Nº 27

DITADO
De acordo com os ritmos desta lição.

6ª Lição

PLANO DE AULA	APROVEITAMENTO
1º - Acordes de 3 sons 2º - Classificação e Inversões 3º - Leitura Métrica 4º - Solfejo 5º - Ditado	Teoria .... Deveres .... Leit. Métrica .... Solfejo .... Ditado ....

Acorde

Acorde — é a combinação de 3 ou mais sons ouvidos simultaneamente.

Os acordes podem ser de 3, 4 ou 5 sons, de acordo com o número de notas que encontram em sua formação.

Acorde de 3 sons

Há 4 espécies de acordes de 3 sons, de acordo com os intervalos de que são formados.

> Acorde Perfeito Maior
> Acorde Perfeito Menor
> Acorde de 5ª Diminuta
> Acorde de 5ª Aumentada

Acorde Perfeito Maior

O Acorde Perfeito Maior — compõe-se no Estado Fundamental, de 3ª maior e 5ª justa em relação á Fundamental.

Fundamental — é a nota que dá origem ao acorde.

Escala em Dó Maior

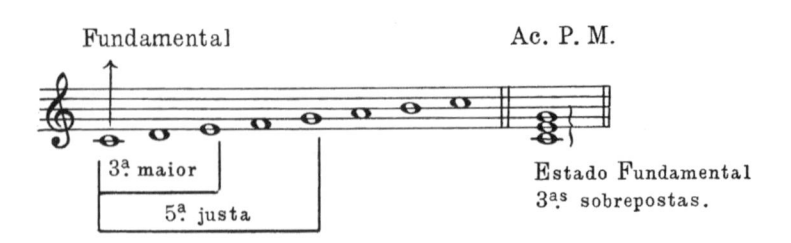

Fundamental

3ª maior
5ª justa

Ac. P. M.

Estado Fundamental
3ªˢ sobrepostas.

Estado Fundamental e Inversões

O exemplo anterior mostra o acorde apenas no Estado Fundamental; entretanto, pode apresentar-se em dois outros estados, ou sejam, na 1ª inversão e na 2ª inversão.

Est. Fundamental	1ª Inversão	2ª Inversão
Baixo	Baixo	Baixo
Em relação ao baixo há uma 3ª maior e 5ª justa.	Em relação ao baixo há uma 3ª menor e 6ª menor.	Em relação ao baixo há uma 4ª justa e 6ª maior.

Baixo — é a nota mais grave do acorde, quer no Estado Fundamental, quer nas Inversões.

Quando a fundamental é o Baixo, o acorde está no Estado Fundamental, mas quando a fundamental passa para uma das partes superiores, o acorde está invertido.

Diz-se que o acorde está na 1ª inversão, quando o Baixo é a 3ª do acorde e na 2ª inversão, quando o Baixo é a 5ª do acorde.

Observe que quando o acorde está no Estado Fundamental, ele é formado por 3ªs sobrepostas.

Os Acordes Perfeitos Maiores são encontrados no I, IV e V graus das escalas maiores e no V e VI graus das escalas menores.

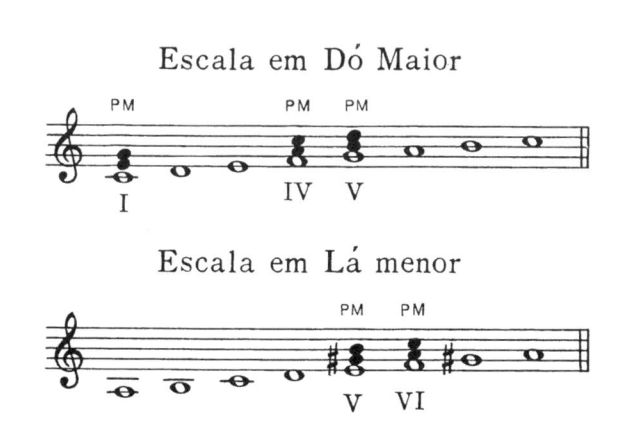

Escala em Dó Maior

Escala em Lá menor

Acorde Perfeito Menor

O Acorde Perfeito Menor no Estado Fundamental é formado por uma 3ª menor e uma 5ª justa, em relação à fundamental.

Escala em Dó Maior

Fundamental Ac.P.m

3ª menor
5ª justa

Estado Fundamental
3ªˢ sobrepostas.

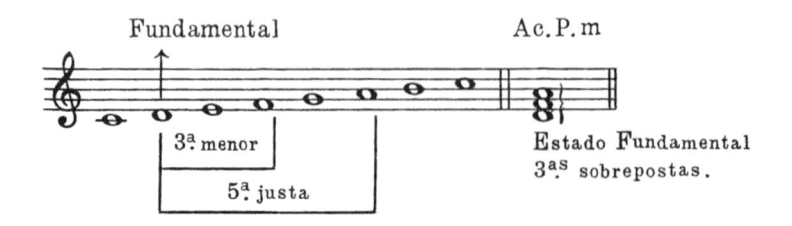

Inversão do Acorde Perfeito Menor

Seus três estados:

Est. Fundamental → Fundamental
Baixo
Em relação ao baixo há uma 3ª menor e 5ª justa.

1ª Inversão → Fund.
Baixo
Em relação ao baixo há uma 3ª maior e 6ª maior.

2ª Inversão → Fund.
Baixo
Em relação ao baixo há uma 4ª justa e 6ª menor.

O Acorde Perfeito Menor é encontrado no II, III e VI graus das escalas maiores e no I e IV graus das escalas menores.

Escala em Dó Maior

Pm Pm Pm
II III VI

Escala em Lá menor

Pm Pm
I   IV

Acorde de 5ª Diminuta

O Acorde de 5ª Diminuta — compõe-se no Estado Fundamental de uma 3ª menor e uma 5ª Diminuta, em relação à fundamental.

Escala em Lá menor

Estado Fundamental
3ªˢ sobrepostas.

São estes os seus três estados:

Est. Fundamental — Baixo
Em relação ao baixo há uma 3ª menor e 5ª diminuta.

1ª Inversão — Baixo
Em relação ao baixo há uma 3ª menor e 6ª Maior.

2ª Inversão — Baixo
Em relação ao baixo há uma 4ª aumentada e 6ª M.

O Acorde de 5ª Diminuta é encontrado no VII grau das escalas maiores e no II e VII graus das escalas menores.

Escala em Dó Maior

Escala em Lá menor

Acorde de 5ª Aumentada

O Acorde de 5ª Aumentada — compõe-se, no Estado Fundamental, de uma 3ª maior e uma 5ª aumentada, em relação à Fundamental.

Escala em Lá menor

Fundamental   Ac. 5ª aumentada

3ª maior
5ª aumentada

Estado Fundamental
3ªˢ sobrepostas.

Seus estados:

Estado Fundamental   1ª Inversão   2ª Inversão

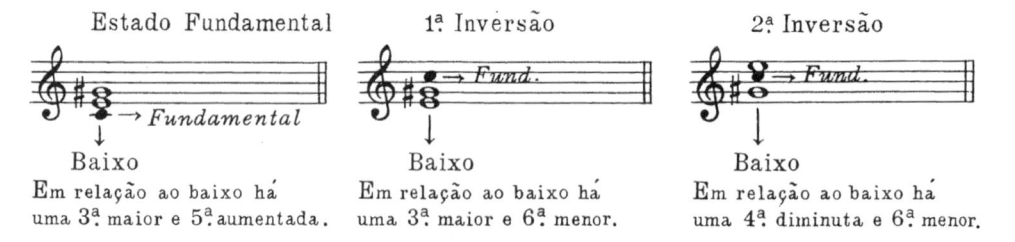

→ *Fundamental*   → *Fund.*   → *Fund.*

Baixo   Baixo   Baixo

Em relação ao baixo há uma 3ª maior e 5ª aumentada.   Em relação ao baixo há uma 3ª maior e 6ª menor.   Em relação ao baixo há uma 4ª diminuta e 6ª menor.

É encontrado apenas no III grau das escalas menores.

Escala em Lá menor

5ª aum.

III

Escala em Dó Maior, com os acordes de três sons
Estado Fundamental (3ªˢ sobrepostas)

PM	Pm	Pm	PM	PM	Pm	5ª dim.
I	II	III	IV	V	VI	VII	VIII ou I

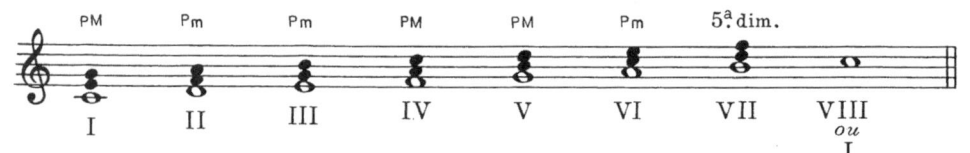

Escala em Lá Menor, com os acordes de três sons
Estado Fundamental (3ªˢ sobrepostas)

Pm	5ª dim.	5ª aum.	Pm	PM	PM	5ª dim.
I	II	III	IV	V	VI	VII	VIII ou I

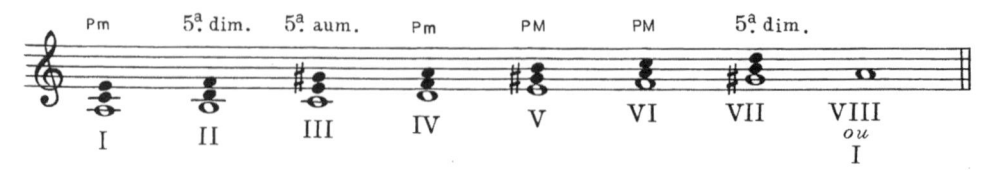

Como classificar o acorde de 3 sons quando está invertido.

a) Colocam-se as notas em 3.ªs sobrepostas, ficando assim a fundamental no Baixo.

b) Encontrando a nota fundamental com as 3.ªs sobrepostas, sabemos qual é o acorde, sua espécie e sua inversão.

c) No exemplo abaixo, o acorde é Perfeito Menor, e está na 2ª inversão, porque a 5ª do acorde está no Baixo.

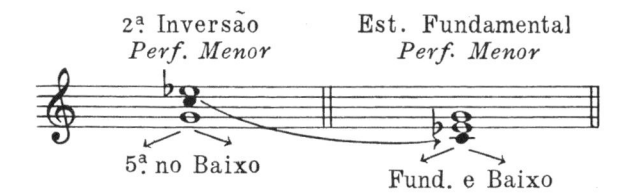

Questionário

1º - O que é acorde?

2º - Como se chama a nota mais grave do acorde?

3º - O que é nota fundamental?

4º - Quais são as 4 espécies dos acordes de 3 sons?

5º - Quantas inversões têm os acordes de 3 sons?

6º - Quais os intervalos que formam o Acorde Perfeito Maior no Estado Fundamental?

7º - E os que formam o Acorde Perfeito Menor?

8º - Qual a disposição dos intervalos nos acordes de 3 sons na 1ª e na 2ª inversão?

9º - Em que graus das escalas Maiores e Menores se encontra o Acorde Perfeito Maior?

10º - E o Acorde Perfeito Menor?

11º - O Acorde de 5ª Diminuta em que graus das escalas Maiores e Menores se encontra?

12º - Qual o Acorde de 3 sons que se encontra no III grau das escalas Menores?

Deveres

1º) Nas escalas de **Lá M** e **Fá# m**, formar os acordes P M.

2º) Nas escalas de **Ré M** e **Si m**, formar os acordes P m.

3º) Nas escalas de **Si♭ M** e **Sol m**, formar os acordes de 5ª dim.

4º) Na escala de **Mi m**, formar o acorde de 5ª aum.

5º) Classificar os seguintes acordes:

6º) Classificar os seguintes acordes e colocá-los nas duas inversões, indicando o Baixo e a Fundamental.

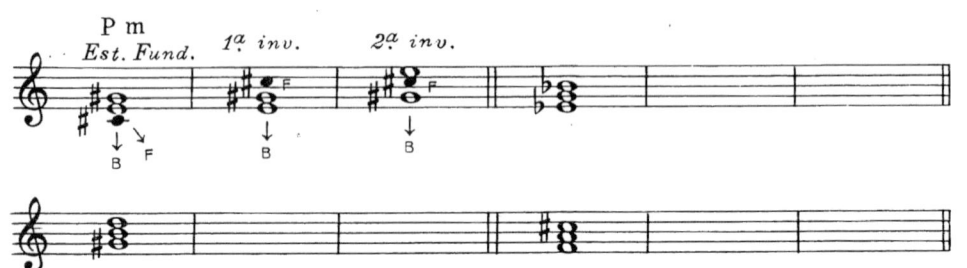

7º) Classificar os seguintes acordes e colocá-los no estado fundamental, indicando o Baixo e a Fundamental.

8º) Com as notas RÉ, FÁ#, Sol, Si♭ e Lá♭, formar todos os acordes de 3 sons e suas inversões.

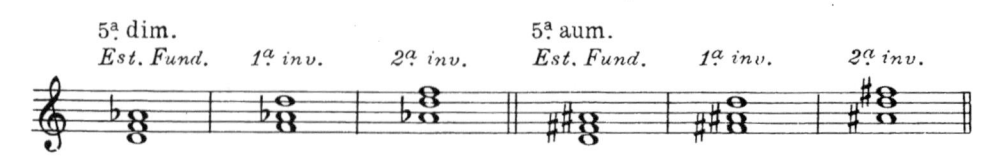

Leitura Métrica
Clave de Dó, 3ª Linha

Nº 30 — Allegretto

Clave de Fá, 4ª Linha

Nº 31 — Allegretto

Solfejos

DITADO

Ditados de acordo com a lição.

7ª Lição

PLANO DE AULA	APROVEITAMENTO
1º- { Ordem Direta e Indireta dos Acordes	Teoria ....
2º- Posição Unida e Afastada	Deveres ....
3º- Leitura Métrica	Leit. Métrica ....
4º- Solfejo	Solfejo ....
5º- Ditado	Ditado ....

Ordem Direta e Indireta
(Acordes de 3 sons)

De acordo com a disposição das notas num acorde, ele pode estar na **Ordem Direta** ou **Indireta**.

Ordem Direta — quando a disposição das notas dos intervalos que formam o acorde segue a ordem natural das notas da escala.

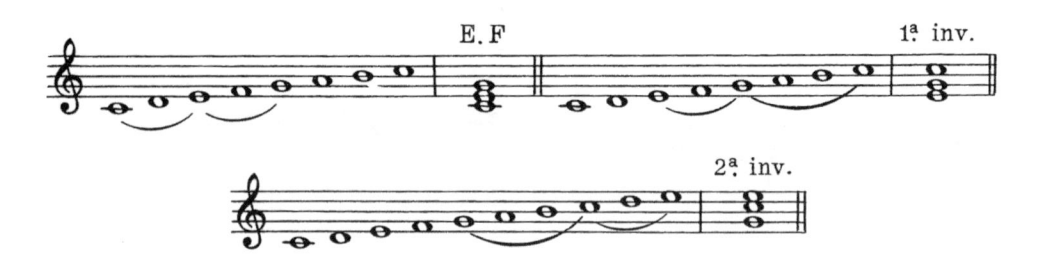

Ordem Indireta — quando as notas dos intervalos do acorde não seguem a disposição normal das notas da escala.

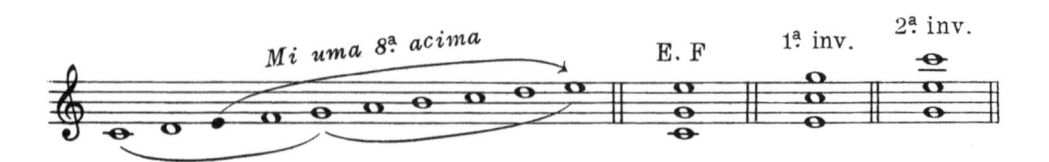

Posição Unida e Afastada

Os acordes podem estar na **Posição Unida e Afastada**.

Está na Posição Unida quando as notas do acorde são próximas umas das outras. Chama-se também Posição Estreita.

Está na **Posição Afastada** quando as notas que formam o acorde são distantes umas das outras.

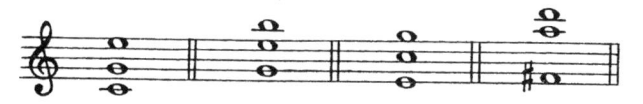

É muito importante observar que, mesmo estando um acorde na **Ordem Direta**, ele pode estar na **Posição Afastada**.

Escalas onde um mesmo acorde de 3 sons pode ser encontrado

Acorde Perfeito Maior

Dado um Acorde Perfeito Maior, como por exemplo: *DÓ-MI-SOL*, podemos encontrá-lo em 5 escalas diferentes.

Segue-se o processo prático para se achar, mentalmente, as 5 escalas onde se encontra o mesmo Acorde.

Exemplo com o Acorde Perfeito Maior

1º) Encontra-se no I grau da Escala de Dó Maior (*tom original*)

2º) Seguindo a ordem das escalas em sustenidos (por 5ªˢ justas ascendentes), teremos a Escala de Sol Maior, formada da 5ª ascendente de Dó.

O acorde *DÓ-MI-SOL* encontra-se no IV grau da Escala de Sol M.

3º) A relativa de Sol Maior: Mi menor. O acorde *DÓ-MI-SOL* encontra-se no VI grau da Escala de Mi menor.

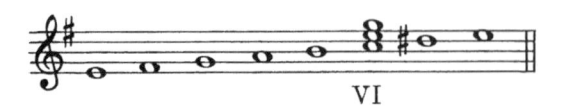

4º) Seguindo a ordem das escalas de bemóis (por 5ªˢ justas descendentes), teremos a Escala de Fá Maior, formada da 5ª descendente de Dó.

O acorde *DÓ-MI-SOL* encontra-se no V grau da Escala de Fá M.

5º) A homônima de Fá Maior: Fá menor. O acorde *DÓ-MI-SOL* encontra-se no V grau de Fá menor.

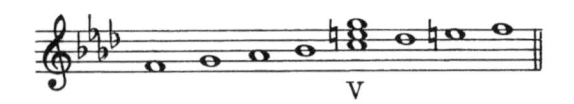

Acorde Perfeito Menor

Dado um Acorde Perfeito Menor, como por exemplo: *RÉ-FÁ-LÁ*, podemos encontrá-lo em 5 escalas diferentes.

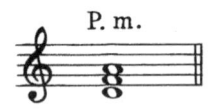

1º) No I grau da Escala de Ré menor (*tom original*)

56

2º) No IV grau da Escala de Lá menor.(Encontrada na Dominante do tom original)

3º) No II grau do relativo de Lá menor (Dó M)

4º) No III grau da Escala de Si♭ Maior.(Encontrada na Superdominante do tom original)

5º) No VI grau da Escala de Fá Maior.(Relativa do tom original)

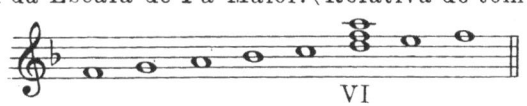

Acorde de 5ª Diminuta

Dado um acorde de 5ª Diminuta, como por exemplo: *SI-RÉ-FÁ*, podemos encontrá-lo em 3 escalas diferentes.

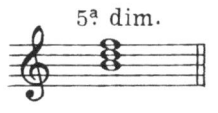

5ª dim.

1º) No VII grau de Dó Maior (*tom original*)

2º) No VII grau da homônima de Dó Maior (*Dó menor*)

3º) No II grau da relativa de Dó Maior (*Lá menor*)

Acorde de 5ª Aumentada

O Acorde de 5ª Aumentada, como por exemplo: *DÓ MI SOL♯*, encontra-se somente no III grau de Lá menor.

Como analisar um acorde

Posição Unida

{ Ac. Perf. Maior
Tom de DÓ MAIOR
Est. Fundamental
Ordem Direta
Posição Unida

{ Ac. Perf. Maior
Tom de DÓ MAIOR
1ª inversão
Ordem Direta
Posição Unida

{ Ac. Perf. Maior
Tom de DÓ MAIOR
2ª inversão
Ordem Direta
Posição Unida

Posição Afastada

Para se analisar um acorde na Posição Afastada, coloca-se primeiramente este acorde no Estado Fundamental, para se reconhecer o tom, a posição e a ordem.

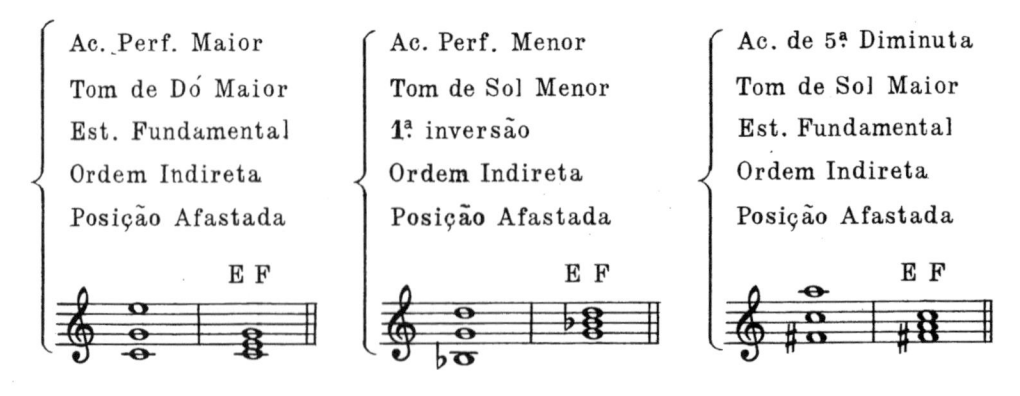

{ Ac. Perf. Maior
Tom de Dó Maior
Est. Fundamental
Ordem Indireta
Posição Afastada

{ Ac. Perf. Menor
Tom de Sol Menor
1ª inversão
Ordem Indireta
Posição Afastada

{ Ac. de 5ª Diminuta
Tom de Sol Maior
Est. Fundamental
Ordem Indireta
Posição Afastada

Questionário

1º - Quando é que o acorde está na Ordem Direta?
2º - E na Ordem Indireta?
3º - Quando é que o acorde está na Posição Unida?
4º - E na Posição Afastada?
5º - Estando o acorde na Posição Afastada, pode estar também na Ordem Direta?
6º - Como analisar um acorde na Posição Afastada e Ordem Indireta?

Deveres

1º) Analisar e inverter os seguintes acordes.

2º) Indicar as diferentes escalas onde se encontram os seguintes acordes.

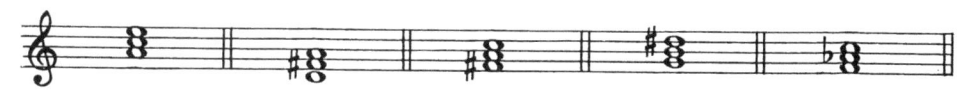

3º) Analisar os seguintes acordes.

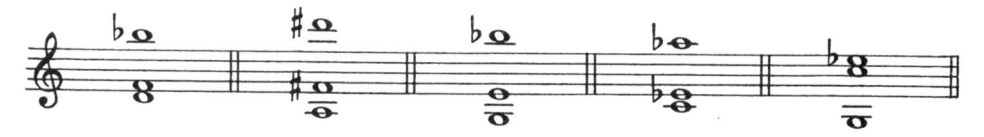

4º) Analisar e indicar o Baixo e a Fundamental dos seguintes acordes.

Leitura Métrica
Clave de Dó, 3ª Linha

Nº 35 — Andante

Clave de Fá, 4ª Linha

Nº 36 — Larghetto

SOLFEJOS

N.º 39

DITADO

Ditados de acordo com a lição.

62

8ª Lição

PLANO DE AULA	APROVEITAMENTO
1º - Acordes de 4 sons 2º - Leitura Métrica 3º - Solfejo 4º - Ditado	Teoria .... Deveres .... Leit. Métrica .... Solfejo .... Ditado ....

Acordes de 4 sons

Há 3 espécies de Acordes de 4 sons, de acordo com os intervalos de que são formados.

      Acorde de 7ª da Dominante
      Acorde de 7ª da Sensível
      Acorde de 7ª Diminuta

Acorde de 7ª da Dominante

O Acorde de 7ª da Dominante — no Estado Fundamental, é formado pelos seguintes intervalos: 3ª maior, 5ª justa e 7ª menor. Encontra-se no V grau dos tons maiores e menores.

Escala de Dó Maior

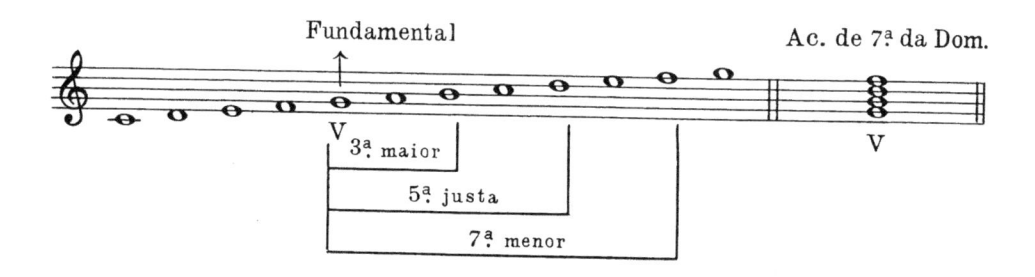

Estado Fundamental e Inversões

O Acorde de 7ª da Dominante diz-se estar na 1ª inversão quando o Baixo é a 3ª do acorde, na 2ª inversão quando o Baixo é a 5ª, e na 3ª inversão quando o Baixo é a 7ª.

Est. Fundamental

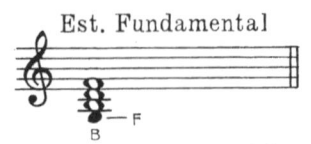

Em relação ao baixo há 3ª M, 5ª j. e 7ª m.

1ª Inversão

Em relação ao baixo há 3ª m, 5ª d. e 6ª m.

2ª Inversão

Em relação ao baixo há 3ª m, 4ª j. e 6ª M.

3ª Inversão

Em relação ao baixo há 2ª M, 4ª A. e 6ª M.

O Acorde de 7ª da Dominante é encontrado no V grau das escalas maiores e menores.

Dó Maior

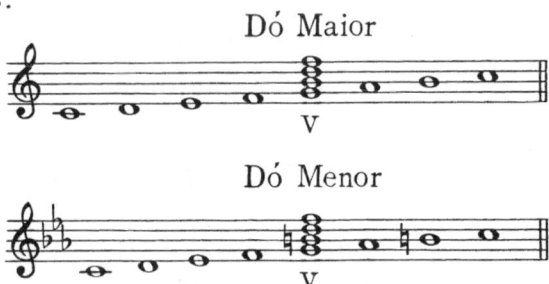

Dó Menor

Acorde de 7ª da Sensível

O Acorde de 7ª da Sensível é formado no Estado Fundamental pelos seguintes intervalos: 3ª menor, 5ª diminuta e 7ª menor. É encontrado no VII grau das escalas maiores.

Escala de Dó Maior

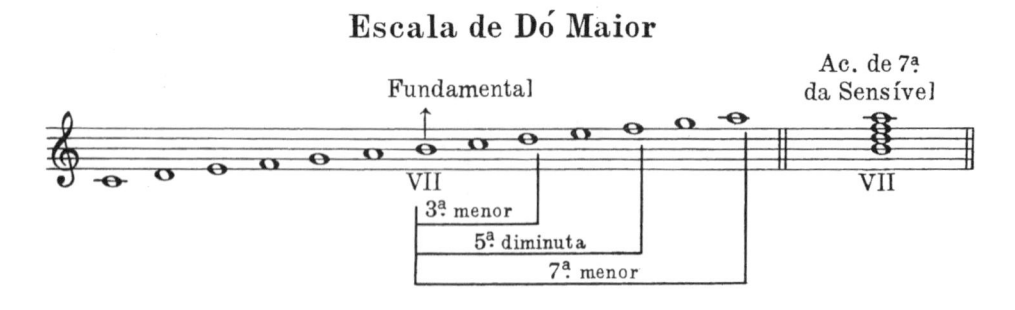

Estado Fundamental e Inversões

Est. Fundamental

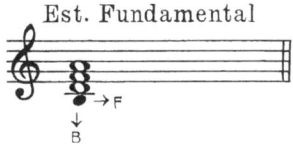

Em relação ao baixo há 3ª m, 5ª d. e 7ª m.

1ª Inversão

Em relação ao baixo há
3ª m, 5ª j. e 6ª M.

2ª Inversão

Em relação ao baixo há
3ª M, 4ª A. e 6ª M.

3ª Inversão

Em relação ao baixo há
2ª M, 4ª j. e 6ª m.

Acorde de 7ª Diminuta

O Acorde de 7ª Diminuta é formado no Estado Fundamental pelos seguintes intervalos: 3ª menor, 5ª diminuta e 7ª diminuta. É encontrado no VII grau das escalas menores.

Escala de Lá Menor

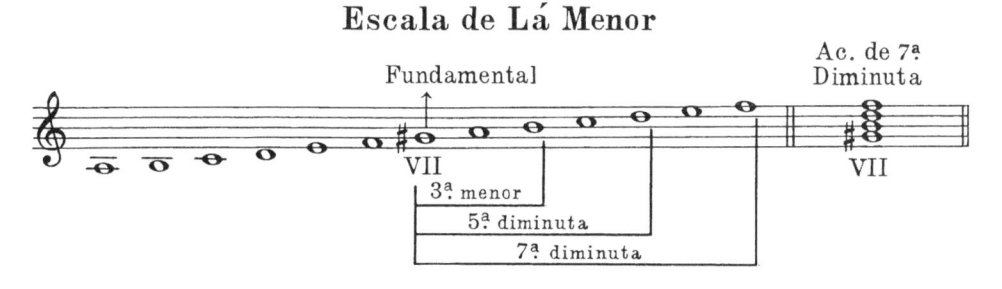

Fundamental

Ac. de 7ª Diminuta

VII

3ª menor
5ª diminuta
7ª diminuta

VII

Estado Fundamental e Inversões

Est. Fundamental

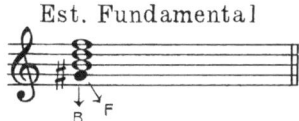

Em relação ao baixo há 3ª m, 5ª d. e 7ª d.

1ª Inversão

Em relação ao baixo há
3ª m, 5ª dim e 6ª M.

2ª Inversão

Em relação ao baixo há
3ª m, 4ª A e 6ª M.

3ª Inversão

Em relação ao baixo há
2ª A, 4ª A e 6ª M.

Os Acordes de 4 sons também podem estar na Ordem Direta e Indireta e na Posição Unida e Afastada.

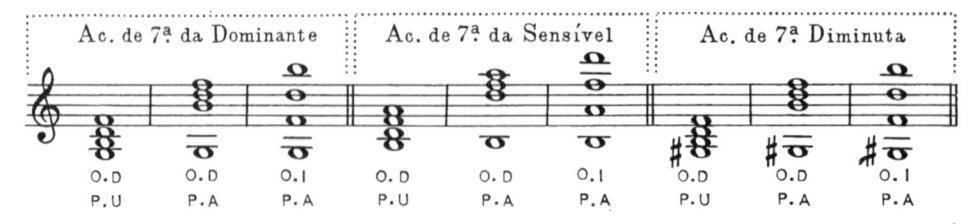

Questionário

1º - Quantas espécies de acordes de 4 sons existem?
2º - Quais os intervalos que formam o Acorde de 7ª da Dominante, no Estado Fundamental?
3º - Quais os intervalos do Acorde de 7ª da Sensível, no Estado Fundamental?
4º - Quais os intervalos do Acorde de 7ª Diminuta, no Estado Fundamental?
5º - Em que graus das escalas se encontra o Acorde de 7ª da Dominante?
6º - E o de 7ª da Sensível e o de 7ª Diminuta?
7º - Quantas inversões têm o Acorde de 4 sons?

Deveres

1º) Classificar os seguintes acordes e coloca-los no Estado Fundamental, Posição Unida e Ordem Direta.

2º) Formar os Acordes de 7ª da Dominante do V grau das escalas de Si♭ M, Fá m, Ré M, Lá♭ M, Mi M, Si m e Dó♯ m, com suas inversões.

3º) Formar os Acordes de 7ª da Sensível do VII grau das escalas de Ré M, Fá M, Mi♭ M, Sol M e Si M, com suas inversões.

4º) Formar os Acordes de 7ª Diminuta do VII grau das escalas de Fá m, Ré m, Sol m, Si♭ m e Fá♯ m, com suas inversões.

5º) Indicar em quais escalas se encontram os seguintes acordes:

Leitura Métrica
Clave de Dó, 3ª Linha

Nº 40 — Allegretto

Clave de Fá, 4ª Linha

Nº 41 — Allegretto

SOLFEJOS

DITADO

De acordo com os solfejos.

9ª Lição

PLANO DE AULA	APROVEITAMENTO
1º - Acordes de 5 sons	Teoria...............................
2º - Acordes (Consonantes e Dissonantes)	Deveres.............................
3º - Leitura Métrica	Leit. Métrica......................
4º - Solfejo	Solfejo..............................
5º - Ditado	Ditado..............................

Acordes de 5 sons

Há duas espécies de Acordes de 5 sons, de acordo com os intervalos de que são formados:

Acorde de 9ª Maior da Dominante

Acorde de 9ª Menor da Dominante

Acorde de 9ª Maior da Dominante

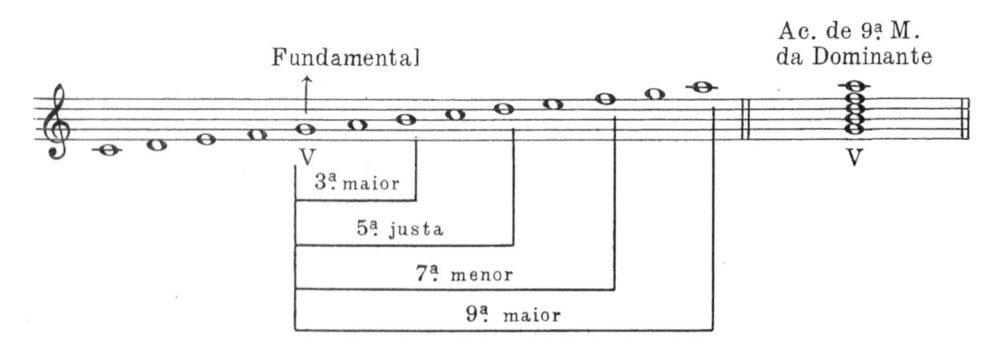

O Acorde de 9ª Maior da Dominante — é formado no Estado Fundamental pelos seguintes intervalos: 3ª Maior, 5ª justa, 7ª menor e 9ª Maior. Encontra-se no V grau das escalas maiores.

Escala de Dó Maior

Inversões do Acorde de 9ª Maior da Dominante

Num Acorde de 9ª Maior da Dominante, tanto no Estado Fundamental como nas inversões, é obrigatório o intervalo de 9ª. Não existe a 4ª inversão, porque, se colocar a 9ª no baixo, o intervalo de 9ª desaparece.

A 9ª deve estar sempre acima da fundamental.

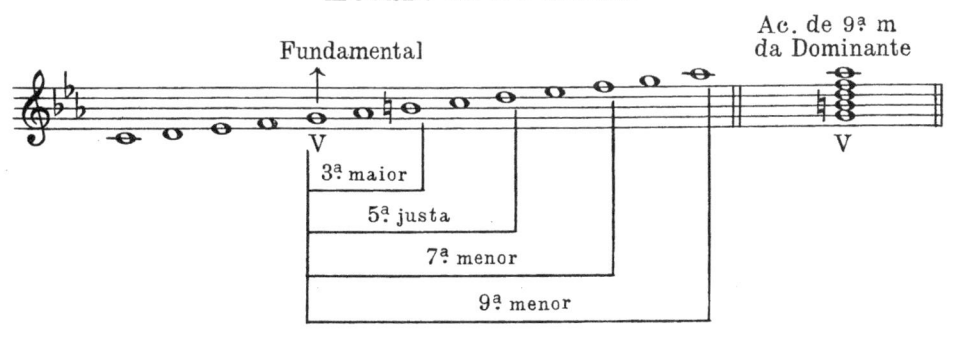

Estado Fundamental e Inversões

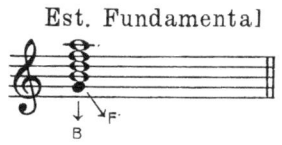

Est. Fundamental

Em relação ao baixo há 3ª M, 5ª j., 7ª m e 9ª M

Para se formar as três inversões, coloca-se a nota da inversão no Baixo, ficando as outras no mesmo lugar, permanecendo assim o intervalo de 9ª, que é obrigatório.

1ª Inversão   2ª Inversão   3ª Inversão

Em relação ao baixo há
3ª m, 5ª d, 6ª m e 7ª m

Em relação ao baixo há
3ª m, 4ª j, 5ª j e 6ª M

Em relação ao baixo há
2ª M, 3ª M, 4ª A e 6ª M

Acorde de 9ª Menor da Dominante

O Acorde de 9ª Menor da Dominante — é formado no Estado Fundamental pelos seguintes intervalos: 3ª Maior, 5ª justa, 7ª menor e 9ª menor.

É encontrado no V grau das escalas menores.

Escala de Dó Menor

Ac. de 9ª m da Dominante

Fundamental

3ª maior
5ª justa
7ª menor
9ª menor

Estado Fundamental e Inversões

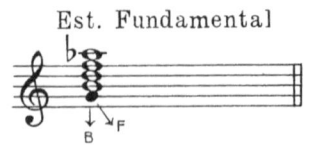

Est. Fundamental

Em relação ao baixo há 3ª M, 5ª j, 7ª m e 9ª m.

1ª Inversão   2ª Inversão   3ª Inversão

Em relação ao baixo há
3ª m, 5ª d, 6ª m e 7ª d.

Em relação ao baixo há
3ª m, 4ª j, 5ª d e 6ª M.

Em relação ao baixo há
2ª M, 3ª m, 4ª A e 6ª M.

Acordes Consonantes e Dissonantes

Os acordes, de acordo com os intervalos de que são formados, podem ser **Consonantes** e **Dissonantes**.

Consonantes são os acordes formados por intervalos consonantes; e **Dissonantes** os formados por um ou mais intervalos dissonantes.

Consonantes
- Perfeito Maior
- Perfeito Menor

Dissonantes
- 5ª Diminuta
- 5ª Aumentada
- 7ª da Dominante
- 7ª da Sensível
- 7ª Diminuta
- 9ª Maior da Dominante
- 9ª Menor da Dominante

Análise Completa de um Acorde

Primeiramente coloca-se o acorde no estado fundamental, ordem direta e posição unida, para servir de base à análise

Acorde Dado

Est. Fundamental
Ordem Direta
Posição Unida

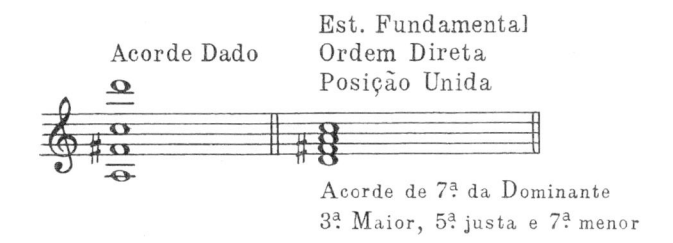

Acorde de 7ª da Dominante
3ª Maior, 5ª justa e 7ª menor

Comparando o acorde dado com o seu estado fundamental, conforme exemplo acima, analisa-se da seguinte maneira:

Análise Completa

{
Acorde de 7ª da Dominante
2ª Inversão
Ordem Indireta
Posição Afastada
Dissonante
V grau de Sol Maior e menor
}

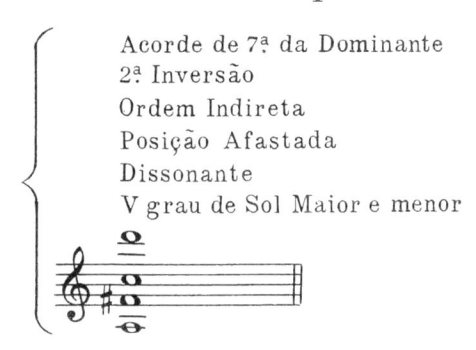

Análise de outros Acordes

{
Acorde Perfeito Maior
1ª Inversão
Ordem Direta
Posição Afastada
Consonante
Encontra-se nos graus das seguintes escalas: I de Mi♭M, IV de Si♭M, VI de Sol m e V de Lá♭ Maior e menor.
}

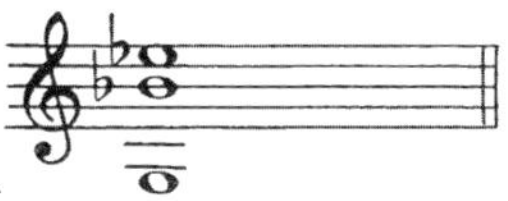

{
Acorde de 5ª Diminuta
2ª Inversão
Ordem Indireta
Posição Afastada
Dissonante
Encontra-se nos graus das seguintes escalas:
VII de Mi Maior e menor e II de Dó♯ menor.
}

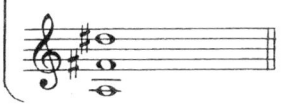

{ Acorde de 7ª da Sensível
1ª Inversão
Ordem Indireta
Posição Afastada
Dissonante
Encontra-se no VII grau de
Mi Maior.

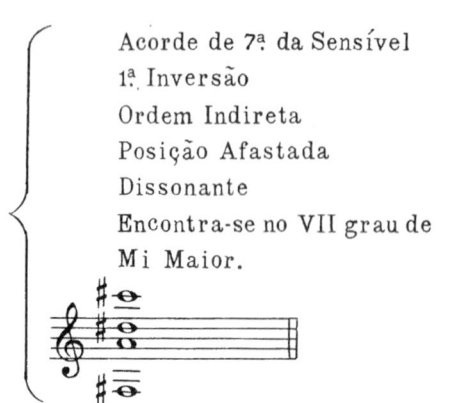

{ Acorde de 7ª Diminuta
3ª Inversão
Ordem Indireta
Posição Afastada
Dissonante
Encontra-se no VII grau de
Ré menor.

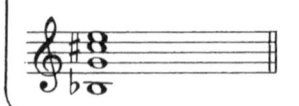

{ Acorde de 9ª menor da Dom.
Estado Fundamental
Ordem Direta
Posição Unida
Dissonante
Encontra-se no V grau de
Fá menor.

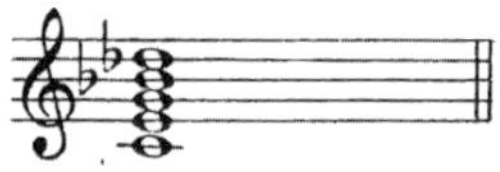

{ Acorde de 9ª Maior da Dom.
3ª Inversão
Ordem Indireta
Posição Unida
Dissonante
Encontra-se no V grau de
Sol Maior.

No Acorde de 9ª da Dominante, a ordem direta só é possível quando o acorde está no estado fundamental. Devido ser obrigatório o intervalo de 9ª, as 3 inversões estão sempre na ordem indireta.

Dobramento
(**Notas Dobradas**)

Num acorde pode haver duas ou mais notas repetidas. Os acordes, sejam de 3, 4 ou 5 sons, são classificados pelos sons diferentes, não levando em conta as notas dobradas.

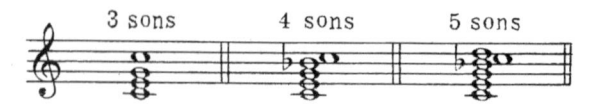

Acordes nas Claves de Sol e Fá, 4ª Linha

Um acorde pode ser escrito em duas ou mais pautas, conforme a quantidade de vozes ou instrumentos, como no canto coral e na orquestra.

Trataremos agora somente dos acordes Perfeito Maior ou Menor, nas claves conjugadas de SOL e FÁ, 4ª linha, no estado fundamental, com o dobramento do baixo, na ordem direta e indireta, posição unida e afastada.

Exemplo com acorde Perfeito Maior: Sol-Si-Ré

Questionário

1º - Quantas espécies de acordes de 5 sons existem?
2º - Quantas inversões tem o acorde de 5 sons?
3º - Em que grau das escalas se encontram os acordes de 9ª Maior da Dominante e 9ª Menor da Dominante?
4º - Porque não se usa a 4ª inversão no acorde de 9ª?
5º - Quais são os acordes consonantes?
6º - E os dissonantes?
7º - Pode-se dobrar as notas de um acorde?

Deveres

1º) Análise completa dos seguintes acordes de 3 sons.

2º) Análise completa dos seguintes acordes de 4 sons.

3º) Análise completa dos seguintes acordes de 5 sons.

4º) Na escala de Si♭ M. formar o acorde de 9ª Maior da Dominante, e na escala de Fá menor formar o acorde de 9ª Menor da Dominante.

5º) Com as notas RÉ e FÁ formar os acordes de 9ª Maior e Menor da Dominante, com suas inversões.

6º) Colocar os seguintes acordes nas claves conjugadas de Sol e Fá 4ª linha, com o dobramento da fundamental, na ordem direta e indireta e na posição unida e afastada.

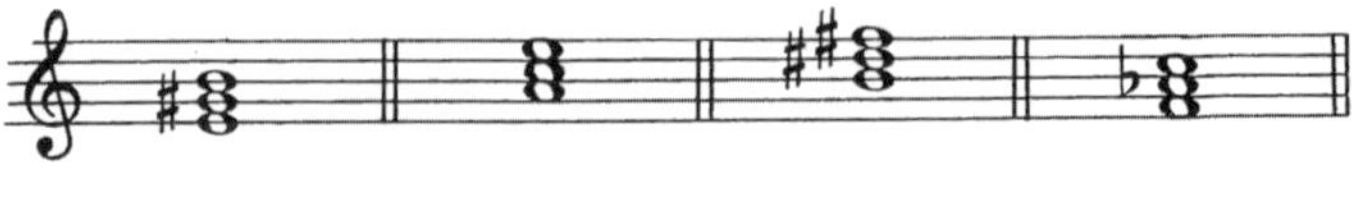

7º) Classificar os seguintes acordes e indicar as escalas e os graus onde se encontram.

P M

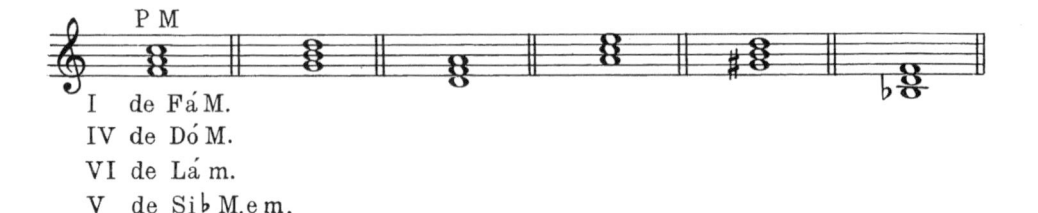

I de Fá M.
IV de Dó M.
VI de Lá m.
V de Si♭ M. e m.

8º) Classificar os seguintes acordes e indicar as escalas e os graus onde se encontram.

5ª aumentada

III de LÁ m

Leitura Métrica
Clave de Dó, 3ª Linha

Nº 45

Clave de Fá, 4ª Linha

Nº 46

SOLFEJOS

DITADO

Com os ritmos desta lição.

10ª Lição

PLANO DE AULA	APROVEITAMENTO
1º - Modulação 2º - Leitura Métrica 3º - Solfejo 4º - Ditado	Teoria .... Deveres .... Leit. Métrica .... Solfejo .... Ditado ....

Modulação

Modulação — é a mudança de um tom para outro durante um trecho musical.

Quase sempre o trecho que se modula termina no tom original, e raramente num tom diferente.

Quando um trecho musical não tem modulação, chama-se **Unitônico**, e quando há modulação chama-se **Modulante**.

Pode-se modular para os tons vizinhos e para os tons afastados.

Há inúmeros processos para modulação, porém pertencem ao estudo da **Harmonia**. Trataremos nesta obra da modulação pelo acorde de 7ª da Dominante do tom para o qual se deseja modular.

Modulação pelo Acorde de 7ª da Dominante

1º) No caso de entre dois tons haver somente uma nota característica, com alteração ascendente, esta será a sensível do novo tom.

Dó M modulando para Sol M

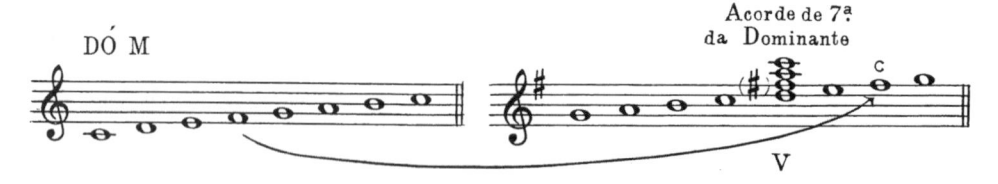

A nota característica do novo tom FÁ♯ (alteração ascendente) é a sensível do Sol Maior.

2º) Quando entre dois tons há mais de uma nota característica, a sensível do novo tom, que é a 3ª do acorde de 7ª da Dominante encontrado, chama-se característica principal, por ser a que mais provoca a modulação.

As outras são características secundárias.

A característica principal do novo tom é DÓ#, sensível de RÉ M.
A característica secundária é FÁ#.

3º) Quando entre dois tons, a nota característica tem alteração descendente, esta nota será o IV grau do novo tom.

Este IV grau é a 7ª do acorde da Dominante do tom para o qual se modula.

A nota característica principal é Mi♭, IV grau de Si♭ M, que mais provoca a modulação e Si♭ é a característica secundária.

Modulação aos Tons Vizinhos de Dó Maior

Dó M modulando para Lá m, (Vizinho Direto)

Procura-se o V grau de LÁ m (Mi) e forma-se o acorde de 7ª da Dominante (MI-SOL#-SI-RÉ). Neste acorde se encontra a nota característica de LÁ m (Sol#), que em DÓ M é Sol natural. O SOL# provoca a modulação para LÁ m.

Dó M modulando para Fá M (Vizinho Direto)

Procura-se o V grau de FÁ M (*Dó*) e forma-se o acorde de 7ª da Dominante (DÓ-MI-SOL-SIb). Neste acorde se encontra a nota característica de FÁ M (*Sib*), que em Dó M é Si natural. O SIb provoca, portanto, a modulação para FÁ M.

Trecho Modulante

Dó M modulando para Sol M (Vizinho Direto)

Trecho Modulante

Dó M modulando para Ré m (Vizinho Indireto)

Trecho Modulante

Modulação aos Tons Afastados
Dó M modulando para Mi M

Procura-se o V grau de MI M (*Si*) e forma-se o acorde de 7ª da Dominante (SI-RÉ#-FÁ#-LÁ). Neste caso se encontra a nota característica principal de MI M (*Ré#*), que em DÓ M é RÉ natural.

As outras notas características são secundárias.

Trecho Modulante

Modulação por Acordes Comuns
Tons Homônimos
Dó M modulando para Dó m

A modulação se efetua também por meio de acordes comuns aos dois tons. O acorde comum entre DÓ M e DÓ m é o de 7ª da Dominante (Sol-Si-Ré-Fá).

Se alterarmos o III e VI graus de um tom maior com alterações descendentes, ele se transforma em seu homônimo menor. Se alterarmos o III e VI graus de um tom menor, com alterações ascendentes, ele se transforma em seu homônimo maior.

Trecho Modulante

Questionário

1º - Que é modulação?
2º - Qual o acorde do novo tom que provoca a modulação?
3º - Pode-se modular para tons vizinhos e afastados?
4º - Quando há só uma nota característica com alteração ascendente, que grau do novo tom esta nota representa?
5º - Quando há mais de uma nota característica com alterações ascendentes, qual delas determina melhor o novo tom?
6º - Se há uma só nota característica, com alteração descendente, que grau é do novo tom?
7º - Quando há mais de uma nota característica com alteração descendente, qual delas provoca melhor o novo tom?
8º - Se alterarmos o III e VI graus com alterações descendentes, de um tom maior, para que tom passa?
9º - Qual o acorde comum de 7ª da Dominante que modula de Sol M para Sol m?

Deveres

1º) Formar os acordes de 7ª da Dominante dos seguintes tons:

DÓ M   LÁ M   MI m   RÉ m   SI♭ M   DÓ m

2º) Entre RÉ M e LÁ M, encontrar o acorde de 7ª da Dominante de LÁ M, indicando a nota característica, conforme modelo desta lição

3º) Entre SOL M e MI M, encontrar o acorde de 7ª da Dominante de MI M, indicando a nota característica principal e as secundárias.

4º) Entre SI♭ M e MI♭ M, encontrar o acorde de 7ª da Dominante de MI♮ M, indicando a nota característica.

5º) Entre MI♭ M e LÁ♭ M, encontrar o acorde de 7ª da Dominante de LÁ♭ M, indicando a nota característica.

6º) Encontrar o acorde comum de 7ª da Dominante entre LÁ M e LÁ m.

Trechos Modulantes
Modelo

Com alteração ascendente (*Sensível do novo tom*).

7º) Colocar a nota característica (*Sensível de Sol M*) no compasso em branco, para provocar a modulação de DÓ M para SOL M (*Alteração ascendente*).

Modelo

Com alteração descendente (*IV grau do novo tom*).

8º) Colocar o IV grau com alteração descendente do novo tom de SI♭ M.

9º) Colocar a sensível de RÉ menor.

10º) Colocar o III grau com alteração descendente do homônimo de SOL M.

Leitura Métrica

Clave de Dó, 3ª Linha

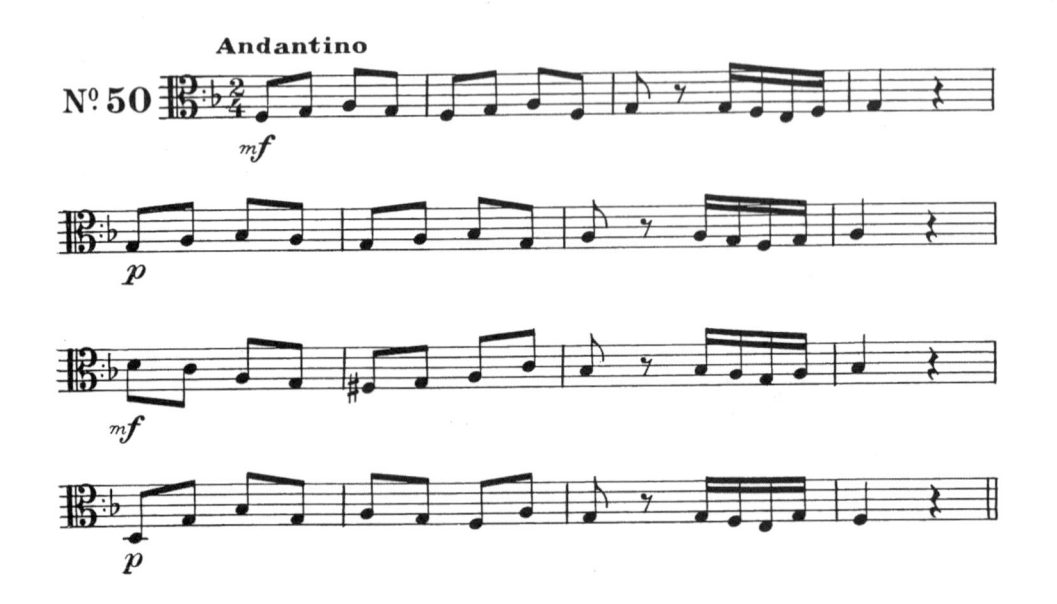

Nº 50 — Andantino

Clave de Fá, 4ª Linha

Nº 51 — Moderato

SOLFEJOS COM MODULAÇÕES

DITADO

De acordo com os solfejos desta lição.

11ª Lição

PLANO DE AULA	APROVEITAMENTO
1º - **Uníssono** nas Claves	Teoria ....
2º - **Leit. Métrica** em todas as Claves	Deveres ....
3º - **Solfejos** em todas as Claves	Leit. Métrica ....
4º - **Ditado**	Solfejo ....
	Ditado ....

Uníssono

Chama-se **Uníssono** quando duas ou mais notas têm o mesmo som.

Quando a mesma melodia é tocada ou cantada por dois ou mais instrumentos ou vozes ao mesmo tempo, mesmo sendo em oitavas, diz-se tocar ou cantar em **Uníssono**.

Mesma altura

Em oitavas

Uníssono nas Claves

Chama-se **Uníssono nas Claves** a escrita de uma nota ou melodia em qualquer clave, sem alterar a altura de entoação das notas da clave original.

Para perfeito conhecimento do **Uníssono nas Claves**, deve-se tomar por base a localização do Dó Central, em todas as claves.

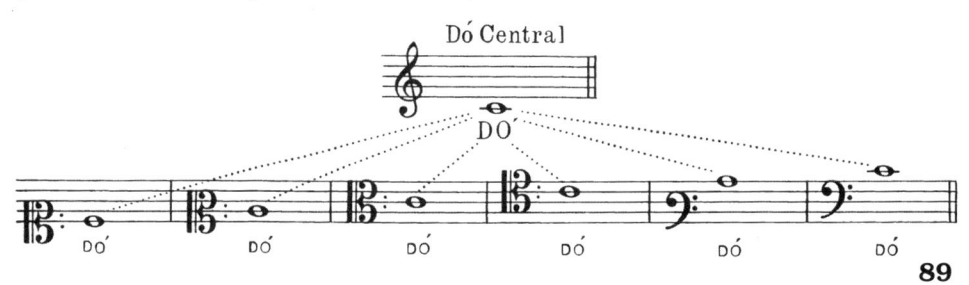

Quadro para relação de altura do Uníssono nas Claves

Cada nota, em qualquer linha ou espaço que esteja colocada, pode representar as 7 notas musicais, dependendo da clave em que for escrita.

DO' RE' MI FA' SOL LA' SI

Uníssono nas Linhas e nos Espaços

É curioso observar que, quando uma nota está escrita na linha, o uníssono em todas as claves será também nas linhas; quando escrita no espaço, o uníssono será também nos espaços.

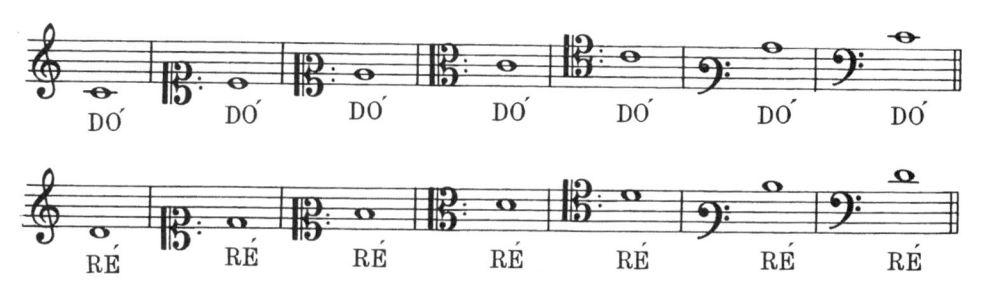

DO' DO' DO' DO' DO' DO' DO'

RÉ RÉ RÉ RÉ RÉ RÉ RÉ

Mesma Melodia no Uníssono nas Claves

Uma melodia pode ser transportada para outras claves, permanecendo as notas na mesma altura de sua clave original, procurando como relação de altura o Dó Central.

Clave Original

DÓ Central

Mudança de Claves

DÓ Central

DÓ Central

DÓ Central

DÓ Central

DÓ Central

DÓ Central

Questionário

1º - O que é Uníssono ?
2º - O que é tocar e cantar em Uníssono ?
3º - O que é Uníssono nas Claves ?

Deveres

a) Escrever o Dó Central no uníssono nas Claves.

b) Escrever o Mi da 1ª linha da pauta da Clave de Sol, em todas as Claves.

c) Escrever o Si do 2º espaço suplementar inferior, da Clave de Sol, em todas as Claves.

d) Transportar o seguinte trecho para as Claves de Dó nas 1ª, 2ª e 3ª linhas.

e) Transportar o seguinte trecho para as Claves de Dó 4ª linha, e Fá 3ª e 4ª Linhas.

f) Transportar a melodia abaixo, escrita em diversas claves, para a Clave de Sol somente.

g) Transportar para todas as claves o seguinte trecho:

Leitura Métrica em todas as Claves

Clave de Sol

Nº 55

Clave de Dó, 1ª Linha

Nº 56

Clave de Dó, 2ª Linha

Nº 57

Clave de Dó, 3ª Linha

Nº 58

Clave de Dó, 4ª Linha

Nº 59

Clave de Fá, 3ª Linha

Nº 60

Clave de Fá, 4ª Linha

Nº 61

SOLFEJOS EM TODAS AS CLAVES

Clave de Sol

Nº 62 — Moderato

Clave de Dó, 1ª Linha

Nº 63 — Allegro

Clave de Dó, 2ª Linha

Nº 64 — Moderato

Clave de Dó, 3ª Linha

Nº 65 — Moderato

Clave de Dó, 4ª Linha

Nº 66 — Andantino

Clave de Fá, 3ª Linha

Nº 67 — Andante

Clave de Fá, 4ª Linha

Nº 68 — Andantino

DITADO

Ditados na Clave de Sol.

12ª Lição

PLANO DE AULA	APROVEITAMENTO
1º - Vozes 2º - Leitura Métrica 3º - Solfejo 4º - Ditado	Teoria................................ Deveres.............................. Leit. Métrica...................... Solfejo................................ Ditado................................

Vozes

Voz — é o som produzido pelas cordas vocais.

De acordo com a extensão e o timbre, as vozes se classificam em: **Femininas e Masculinas**.

Vozes Femininas

SOPRANO .... Voz Aguda
MEIO SOPRANO .... Voz Média
CONTRALTO .... Voz Grave

Vozes Masculinas

TENOR .... Voz Aguda
BARÍTONO .... Voz Média
BAIXO .... Voz Grave

Extensão — é a série de notas que compõem os sons determinados para cada classificação de voz.

Timbre — é a qualidade que caracteriza uma voz.

Tessitura — são as notas que mais convêm a uma determinada voz, isto é, as notas que são emitidas naturalmente e com mais facilidade.

Extensão das Vozes

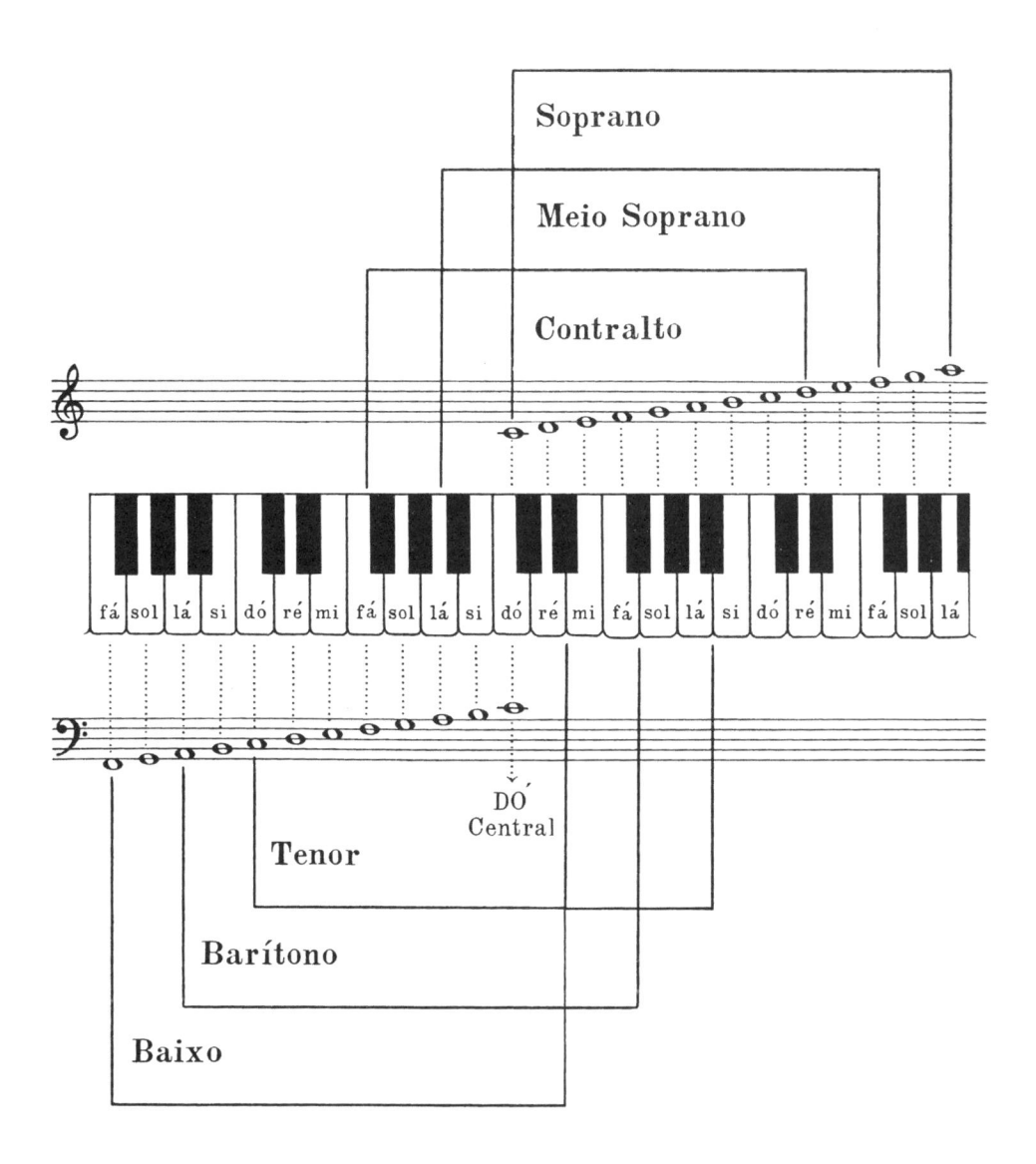

Diapasão ou Registro — é a situação das notas de uma voz dentro da escala. Conforme a colocação destas notas, o Diapasão pode ser: agudo, médio e grave.

Vozes Corais — são as que, mesmo sem estudo de canto, participam de um coral e têm a extensão de 13 sons.

As vozes antigamente, tinham sua determinada clave.

Vozes Corais nas Claves Antigas

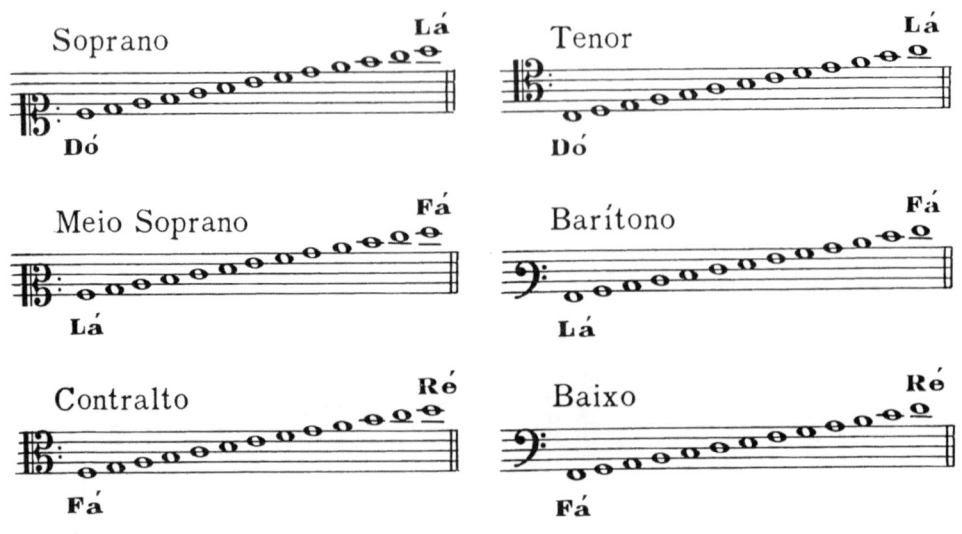

Modernamente, as vozes são escritas somente na Clave de Sol e Fa, 4ª Linha.

Vozes Corais nas Claves Atuais

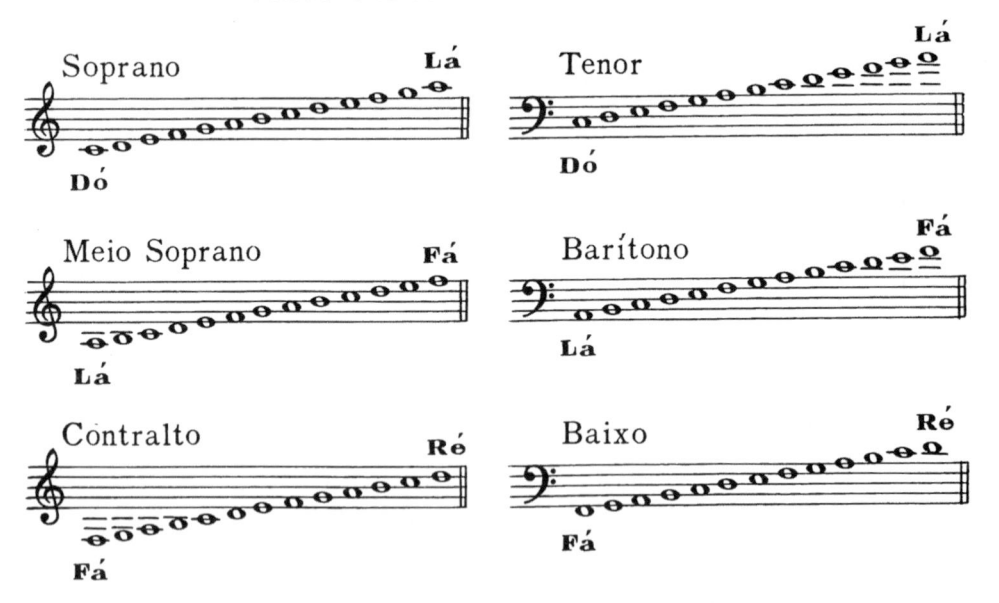

Vozes Solistas — são as vozes desenvolvidas pelo estudo de canto, atingindo maior extensão de notas graves e agudas do que as Vozes Corais.

Vozes Correspondentes — são: Soprano e Tenor, Meio Soprano e Barítono, Contralto e Baixo. Separam-se as vozes correspondentes por intervalos de 8ª, sendo as masculinas uma 8ª abaixo de suas correspondentes femininas.

As vozes da mesma classe se separam por intervalos de 3ª.

As vozes mais comuns são as de Meio Soprano e Baritono.

Quarteto Vocal — é um grupo de 4 vozes cantando em conjunto.

Quarteto Vocal Clássico — é formado por vozes de Soprano, Tenor, Contralto e Baixo.

Quarteto de Vozes Iguais — é formado somente por vozes femininas ou só por vozes masculinas.

Quarteto Misto — compõe-se de vozes femininas e masculinas.

Subdivisão das Vozes Solistas

As **Vozes Solistas**, privilegiadas ou aprimoradas pelo estudo, de acordo com o timbre e a tessitura, ainda se classificam em:

Soprano
- Ligeiro
- Lírico
- Dramático

Tenor
- Ligeiro
- Lírico
- Dramático

Barítono
- Brilhante
- Dramático

Baixo
- Cantante
- Cômico
- Profundo

Vozes Infantis

Nas **Vozes Infantis**, encontramos também a seguinte classificação:

Femininas
- Sopranino
- Contraltino

Masculinas
- Tenorino
- Contraltino

Questionário

1º - O que é Voz? Como se classificam as Vozes?
2º - Quais são as vozes agudas?
3º - E as medias? E as graves?
4º - Que é extensão de uma voz?
5º - Que é timbre?
6º - Que é tessitura de uma voz?
7º - Em que claves se escreviam antigamente as vozes de Soprano e Tenor?
8º - E as de Meio Soprano e Barítono?
9º - E as de Contralto e Baixo?
10º - Atualmente, em que clave se escrevem as vozes?
11º - Quais são as vozes mais comuns no homem e na mulher?
12º - Que são Vozes Corais?
13º - Que são Vozes Solistas?
14º - Que são Vozes Correspondentes?
15º - Que intervalo separa as Vozes Correspondentes?
16º - Que intervalo separa as Vozes da mesma espécie?
17º - Quais as vozes que formam o Quarteto Vocal Clássico?
18º - Que é Quarteto Misto?
19º - Quais as subdivisões das Vozes Solistas?
20º - Qual a classificação das Vozes Infantis?

Deveres

a) Escrever o seguinte trecho na clave antiga de Soprano. Procurar o Dó Central, da clave de Soprano, para facilitar o transporte.

b) Escrever a seguinte melodia na clave antiga de Meio Soprano, recorrendo ao uníssono nas claves.

c) Passar o seguinte trecho para a clave antiga de Tenor.

d) Escrever a seguinte melodia na clave antiga de Barítono.

e) Escrever a seguinte melodia na clave de Baixo.

f) Passar a seguinte melodia de Tenor para a clave de Fá, 4ª linha, (*Clave de Baixo*).

g) Escrever a melodia abaixo de Barítono para a clave de Fá, 4ª linha, (*Clave de Baixo*).

Leitura Métrica em todas as Claves

Clave de Dó, 1ª Linha

Nº 69 — Andante

Clave de Dó, 2ª Linha

Nº 70 — Moderato

Clave de Dó, 3ª Linha

Nº 71 — Andante

Clave de Dó, 4ª Linha

Nº 72 — Allegretto

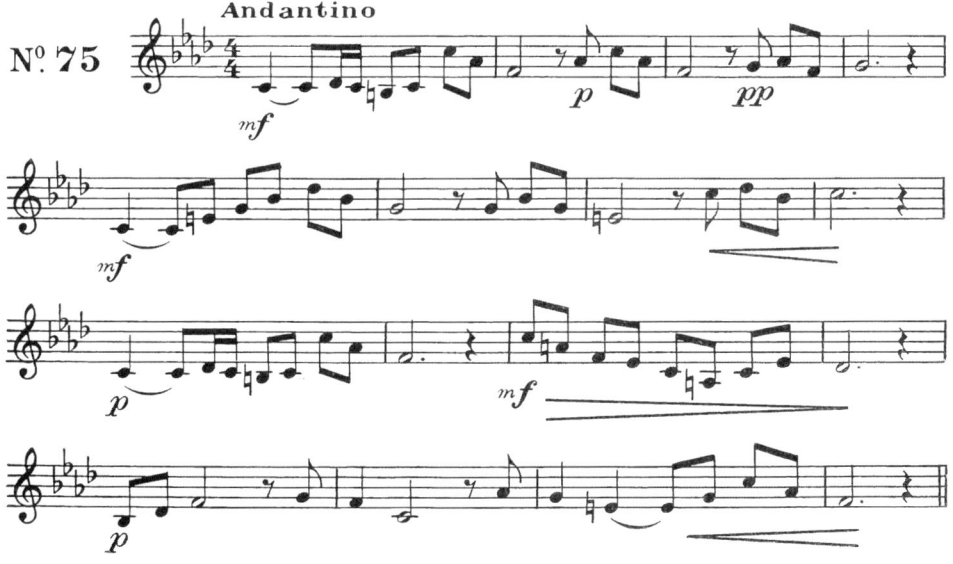

Clave de Fá, 3ª Linha

Nº 73 — Moderato

Clave de Fá, 4ª Linha

Nº 74 — Moderato

SOLFEJOS

Nº 75 — Andantino

Nº 76 Allegretto

DITADO

Nos ritmos desta lição.

13ª Lição

PLANO DE AULA	APROVEITAMENTO
1º - **Legato e Staccato** 2º - **Solfejo** 3º - **Ditado**	**Teoria** .... **Deveres** .... **Solfejo** .... **Ditado** ....

Legato

Legato — Palavra italiana, quer dizer ligado, indica que se deve passar de uma nota a outra, sem interrupção de som.

Pode ser representado pela **Ligadura**, que é uma linha curva abrangendo as notas que devem ser ligadas, ou pela palavra **Legato**.

Com Ligadura   Com a palavra Legato

Legato

Staccato

A palavra italiana **Staccato**, que significa destacado, indica que os sons são articulados separados, secos, destacados.

Há 3 espécies de Staccato

Staccato Simples — Representado por um ponto sobre ou sob uma ou mais notas, indica que na execução dá-se a cada nota apenas metade do seu valor.

Notação   Execução

Meio Staccato — é representado por um ponto e uma ligadura, indicando que as notas devem ser executadas ligeiramente destacadas, isto é, menos seco que no Staccato Simples.

As notas passam a ter somente $\frac{3}{4}$ do seu valor.

Notação   Execução

Grande Staccato — um acento alongado acima ou abaixo das notas indica que os sons devem ser bem secos e martelados.

As notas passam a valer somente $\frac{1}{4}$ de seu valor, se bem que esta diminuição não precise ser rigorosamente observada.

Notação   Execução

O ponto do Staccato chama-se **Ponto de Diminuição**, pois subtrai da nota parte do seu valor.

Questionário

1º - Que é Legato?

2º - De quantas maneiras se representa o Legato?

3º - Que é Staccato?

4º - Quantas espécies há de Staccato?

5º - Como é representado o Staccato Simples e qual o valor das notas na execução?

6º - Como é representado o Meio Staccato e qual o valor das notas na execução?

7º - Como é representado o Grande Staccato e qual o valor das notas na execução?

Deveres

a) Dar um exemplo de Staccato Simples e sua execução, conforme modelo desta aula.

b) Dar um exemplo de Meio Staccato e sua execução.

c) Dar um exemplo de Grande Staccato e sua execução.

SOLFEJOS EM TODAS AS CLAVES

Solfejo na Clave de Sol
Staccato Simples

Nº 78

Solfejo na Clave de Dó, 2ª Linha
Meio Staccato

Nº 80

Solfejo na Clave de Dó, 4ª Linha

Nº 82

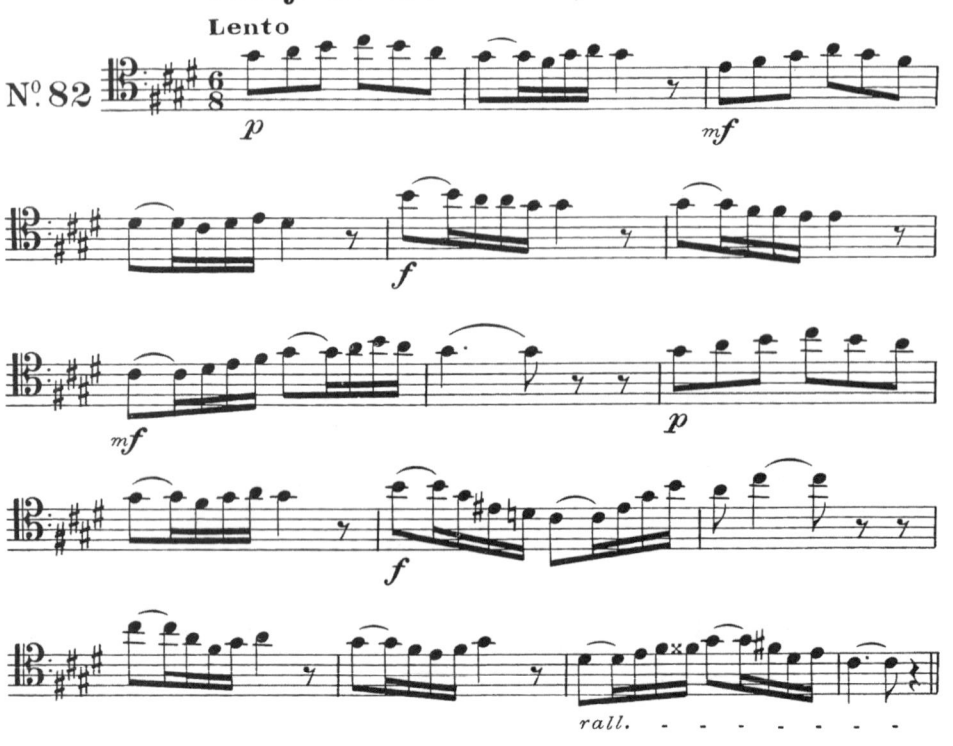

Solfejo na Clave de Fá, 3ª Linha

Nº 83

Solfejo na Clave de Fá, 4ª Linha

Nº 84

DITADO

Ditados na Clave de Sol com ritmos variados e ditados rítmicos.

14ª Lição

PLANO DE AULA	APROVEITAMENTO
1º - Sinais de Abreviatura 2º - Solfejo 3º - Ditado	Teoria .... Deveres .... Solfejo .... Ditado ....

Sinais de Abreviatura

Para indicar a repetição de notas, grupo de notas, compassos e compassos em silêncio, usam-se os **Sinais de Abreviatura**.

Eles não só facilitam a leitura, como simplificam a escrita musical.

As abreviaturas mais usadas são as seguintes:

1º) Um pequeno traço sob a nota ou cortando a haste.
A quantidade de notas a serem repetidas depende da quantidade de traços colocados, que equivalem aos colchetes das notas, cuja soma representa o valor da nota apresentada.

Notação:

Execução:

Notação:

Execução:

2º) Usam-se também pontos abaixo ou acima da nota, indicando sua repetição.

Notação:

Execução:

3º) Repetição de grupos de notas.

Notação:

Execução:

4º) Sinal para repetição de compassos.

Notação:

Execução:

5º) Para a repetição de compassos em silêncio, usa-se um traço com um número em cima. Este número indica quantas vezes este compasso deve ser repetido.

Notação:

Execução:

6º) Sinal de Abreviatura para notas alternadas.

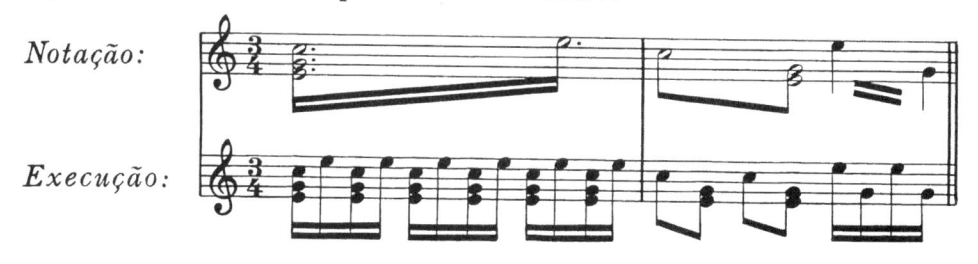

Notação:

Execução:

Questionário

1º - Que são Sinais de Abreviatura?
2º - Qual é o sinal de Abreviatura que indica a repetição de compasso?
3º - Como se indica o silêncio de vários compassos?
4º - Como se indica a repetição de notas?

Deveres

Colocar a execução, na pauta de baixo, dos seguintes sinais de Abreviatura:

SOLFEJOS
Solfejo com Abreviaturas

Nº 85

Solfejos em Diversas Claves

Nº 86

Solfejo na Clave de Dó, 1ª Linha

Allegretto

Nº 87

Solfejo na Clave de Dó, 2ª Linha

Allegro

Nº 88

DITADO
De acordo com os ritmos desta aula.

15ª Lição

PLANO DE AULA	APROVEITAMENTO
1º - **Andamentos** 2º - **Sinais de Intensidade** 3º - **Solfejo** 4º - **Ditado**	Teoria .... Deveres .... Solfejo .... Ditado ....

Andamentos

Andamento — é o grau de lentidão ou rapidez que se imprime ao movimento na execução musical.

São três os tipos de andamento, conforme a velocidade: Lentos, Moderados e Rápidos. São indicados por palavras italianas.

Andamentos Lentos
- **Largo** .... muito devagar
- **Larghetto** .... devagar
- **Lento** .... lento
- **Adagio** .... menos que lento

Andamentos Moderados
- **Andante** .... mais que o **Adagio**
- **Andantino** .... mais movido que o **Andante**
- **Moderato** .... moderado
- **Allegretto** .... mais que o **Moderato**

Andamentos Rápidos
- **Allegro** .... rápido
- **Vivace** .... mais rápido que o **Allegro**
- **Vivo** .... mais movimentado que o **Vivace**
- **Presto** .... muito rápido
- **Prestíssimo** .... mais rápido que o **Presto**

Os andamentos podem ser modificados momentaneamente de acordo com a expressão de cada trecho pelos vocábulos que se seguem, também da língua italiana.

Apressar o andamento
- *Accellerando* .... *accel.*
- *Affretando* .... *affret.*
- *Stretto* .... *stret.*
- *Stringendo* .... *string.*

Diminuir o andamento
- *Allargando* .... *allarg.*
- *Rallentando* .... *rall.*
- *Ritenuto* .... *rit.*
- *Ritardando* .... *ritard.*

Andamento à vontade do executante

A vontade, ad libitum, a Piacere, Comodamente.

Rubato — é um ligeiro relaxamento da tensão rítmica à vontade do executante.

Para voltar ao primeiro andamento

A tempo, 1º tempo, Tempo Primo.

Metrônomo

O Metrônomo — é um aparelho de relojoaria que determina matematicamente o **Andamento**.

Tem a forma de uma pirâmide, com uma escala graduada, a cujos números ajusta-se um pêndulo, que marca as oscilações por minuto.

Foi inventado por Winkel e mais tarde aperfeiçoado por Mäelzel.

Há um pequeno peso móvel que se ajusta a uma ranhura do pêndulo, coincidindo com um número da régua, indicando o andamento que se deseja.

De acordo com a posição do peso do pêndulo, este oscila mais rápido ou mais lento.

Estas indicações vêm no princípio das peças musicais, e, às vezes, mesmo no decorrer de um trecho.

Exemplo: (M.M. ♩=120) indica um andamento de 120 oscilações do pêndulo num minuto, correspondente à duração da semínima.

Sinais de Intensidade

São sinais que indicam a intensidade dos sons, às vezes substituídos por palavras italianas.

Por Palavras

Piano .... *p* - *suave*
Mezzo Piano .... *mp* - *meio suave*
Pianissimo .... *pp* - *suavíssimo*
Forte .... *f* - *forte*
Mezzo Forte .... *mf* - *meio forte*
Mezzo Voce .... *a meia voz*
Sotto Voce .... *em voz baixa*
Morendo .... *morrendo o som*
Smorzando .... *diminuindo o som*
Perdendosi .... *perdendo o som*
Calando .... *extinguindo o som*
Diminuendo .... *descrescendo o som*
Decrescendo .... *o mesmo que diminuindo*
Crescendo .... *cresc.-crescendo o som*
Sforzando .... *sfz-acentuando o som*.

Por Sinais

Indica-se também o crescendo pelo sinal ========= e o decrescendo ou diminuindo pelo sinal =========

Sinais de Acentuação servem para indicar que as notas que levarem este acento devem ser acentuadas.

Tenuta indica que a nota deve ser sustentada durante toda a execução.

O sinal > sobre ou sob a nota indica que deve ser bem acentuada e logo em seguida diminuindo o som.

O sinal ^ indica que a nota deve ser atacada fortemente e sustentado o som.

Palavras de Expressão

São palavras que se ajustam aos termos de andamento, para dar mais caráter e expressão a um trecho musical.

Affetuosso	*afetuoso*	*Dolente*	*dolente*
Agitato	*agitado*	*Espressivo*	*expressivo*
Con brio	*com brilho*	*Risoluto*	*resoluto*
Grazioso	*gracioso*	*Scherzando*	*brincando*
Con fuoco	*com fogo*	*Marcato*	*marcado*
Cantabile	*cantante*	*Sustenuto*	*sustentado*
Maestoso	*majestoso*	*Giocoso*	*alegre*
Tranquillo	*tranquilo*	*Religioso*	*religioso*
Animato	*animado*	*Apassionato*	*apaixonado*

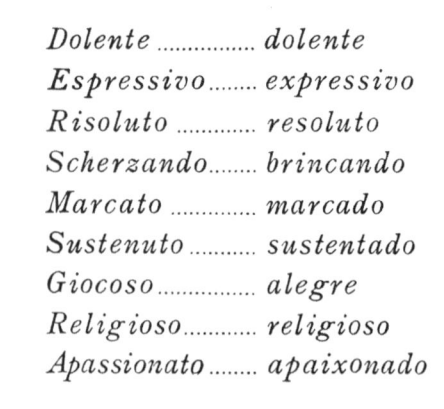

Além das palavras acima, outras podem ser anexadas, graduando para mais ou para menos o Andamento e a força da Expressão.

Assai	*bastante*	*Meno moto*	*menos mov.*
Più	*mais*	*Poco*	*pouco*
Più moto	*mais mov.*	*Mezzo*	*meio*

Os Andamentos, os Sinais de Intensidade e as Palavras de Expressão, dão o colorido à música, resultando daí o que se chama: **Dinâmica**

Questionário

1º. - Que é Andamento?
2º - Quais são eles?
3º - Quais as palavras que apressam o Andamento?
4º - Quais as palavras que diminuem o Andamento?
5º - Que é Rubato?
6º - Que é Metrônomo e quem o inventou?
7º - Que são Sinais de Intensidade?
8º - Quais são eles?
9º - Nomeie algumas palavras de expressão.
10º - Quais os sinais que indicam o crescendo e o diminuindo?
11º - Que são sinais de acentuação?
12º - Quais são eles?

Solfejos em diversas Claves

Solfejo na Clave de Dó, 3ª Linha

Nº 89 — Allegretto

Solfejo na Clave de Dó, 4ª Linha

Nº 90 — Allegretto

Solfejo na Clave de Fá, 3ª Linha

Nº 91

Solfejo na Clave de Fá, 4ª Linha

Nº 92

DITADO

Ditados na Clave de Sol com os compassos desta aula.
Ditados Rítmicos.

16ª Lição

PLANO DE AULA	APROVEITAMENTO
1º - **Escala Cromática**	Teoria ....
2º - **Outros tipos de Escalas**	Deveres ....
3º - **Solfejo**	Solfejo ....
4º - **Ditado**	Ditado ....

Escala Cromática

Escala Cromática — é a escala formada por semitons Diatônicos e Cromáticos.

A Escala Cromática também tem 2 Modos: Maior e Menor, e tem origem na Escala Diatônica.

Como formar a Escala Cromática Maior

Observando a Escala Diatônica Maior, encontramos 5 tons e 2 semitons.

Conservando os semitons da Escala Diatônica Maior, divide-se cada tom em 2 semitons.

a) Na Escala Cromática Maior Ascendente, cromatizam-se com alterações ascendentes o I, II, IV e V graus e com alteração descendente o VII grau.

Os III e VI graus não se cromatizam.

Ascendente:

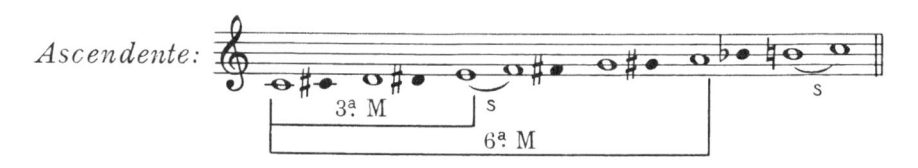

Observe que as notas da Escala Diatônica Maior permanecem as mesmas, bem assim como os intervalos de 3ª M e 6ª M, formados com a Tônica, que são os que caracterizam o Modo Maior.

b) Na Escala Cromática Maior Descendente, cromatizam-se com alterações descendentes o VII, VI, III e II graus, e com alteração ascendente o IV grau.

Não se cromatizam os I e V graus.

Descendente:

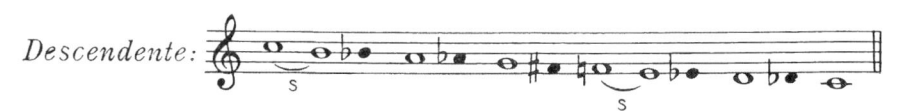

Como formar a Escala Cromática Menor

Conservando os semitons da Escala Diatônica Menor (II e V graus) dividem-se os intervalos de tom em 2 semitons.

Tanto na Escala Cromática Menor Ascendente, como na Descendente, cromatizam-se com alterações ascendentes o III, IV, VI e VII graus, e com alteração descendente o II grau.

O I e V graus não são cromatizados.

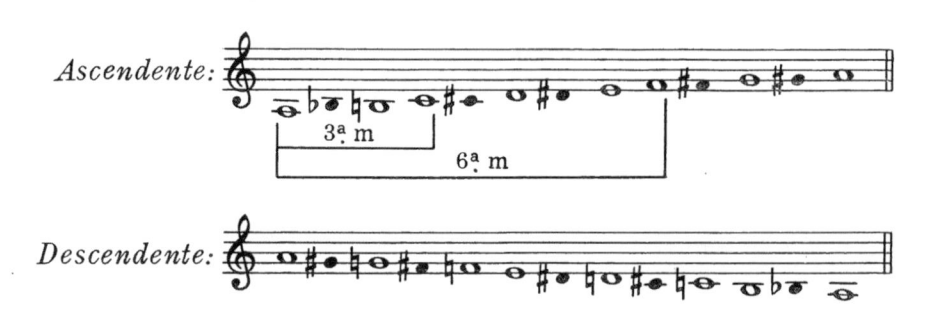

Ascendente:

Descendente:

Observe que as notas da Escala Diatônica Menor permanecem as mesmas, bem assim como os intervalos de 3ª m e 6ª m, formados com a Tônica, que são os que caracterizam o Modo Menor.

As Escalas Cromáticas Maiores e Menores, na extensão de uma 8ª, contêm 7 semitons diatônicos e 5 cromáticos, portanto 12 semitons.

Escala Cromática de DÓ MAIOR

Com seus 12 semitons: 7 D e 5 C

Escala Cromática de LÁ MENOR

Com seus 12 semitons: 7 D e 5 C

Origem das Notas Cromatizadas

Dada uma Escala Cromática, as notas alteradas pertencem aos seus tons vizinhos.

Escala Cromática de DÓ MAIOR

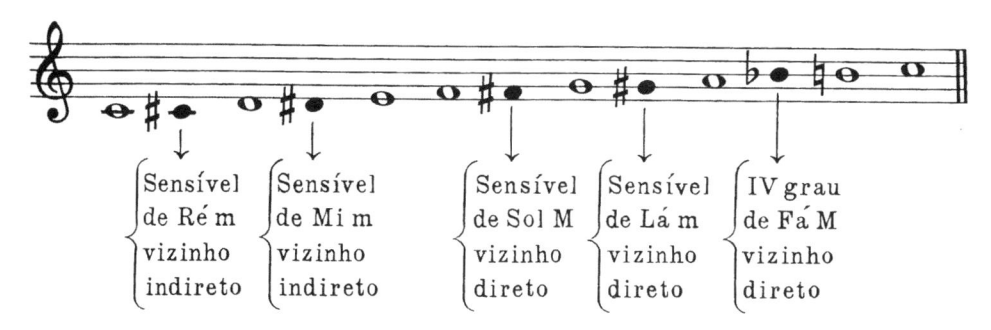

Sensível	Sensível	Sensível	Sensível	IV grau
de Ré m	de Mi m	de Sol M	de Lá m	de Fá M
vizinho	vizinho	vizinho	vizinho	vizinho
indireto	indireto	direto	direto	direto

Escala Cromática em outros tons

Ré Maior

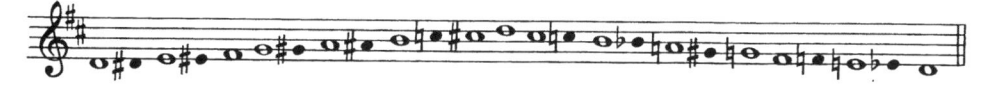

Si♭ Maior

Tonalidade

É a atração que todos os graus da escala guardam perante a Tônica.

A Tônica caracteriza o tom, dando a uma peça musical o ambiente da Tonalidade.

Quando um trecho musical não tem tonalidade chama-se Atonal.

A Escala Cromática pertence também à Atonalidade, pois qualquer dos seus 12 sons são independentes em relação à Tônica.

Outros Tipos de Escalas

Além das escalas já conhecidas (Escalas Diatônicas e Cromáticas), existem outros tipos de escalas, como: Gregorianas, Pentafônicas, Hexacordais, Árabes, Tziganas, Chinesas, Dodecafônica ou Atonal, *etc*.

Escalas Gregorianas

As Escalas Gregorianas possuem também dois Modos: o Autêntico e o Plagal.

O Modo Autêntico é o modo original da escala propriamente dita, e o Plagal é o Modo formado por uma quarta abaixo do seu respetivo Modo Autêntico.

Exemplo com a Escala Dórica

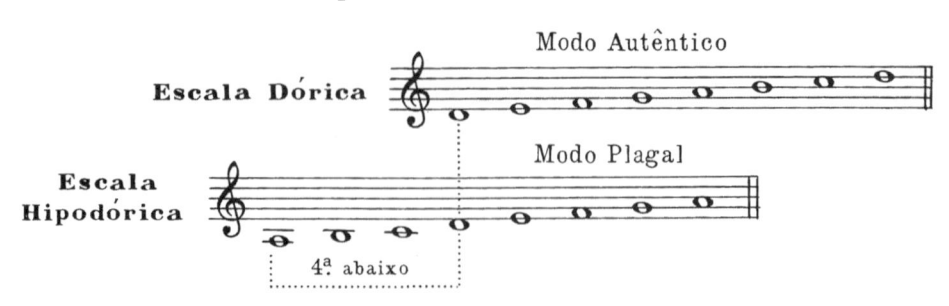

Os nomes das Escalas Gregorianas do Modo Plagal são os mesmos das Escalas do Modo Autêntico, colocando o prefixo Hipo, que quer dizer: abaixo.

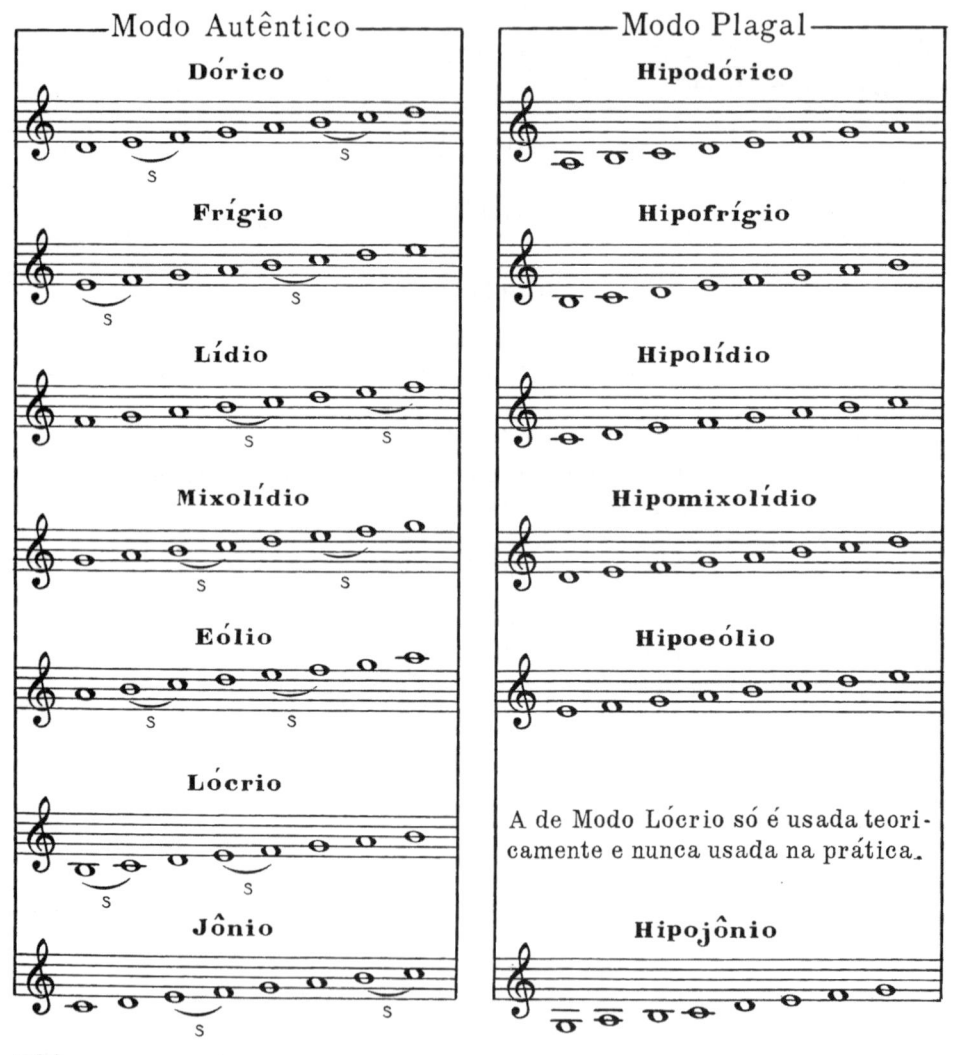

Modo Autêntico: Dórico, Frígio, Lídio, Mixolídio, Eólio, Lócrio, Jônio

Modo Plagal: Hipodórico, Hipofrígio, Hipolídio, Hipomixolídio, Hipoeólio, Hipojônio

A de Modo Lócrio só é usada teoricamente e nunca usada na prática.

ESCALA PENTAFÔNICA

Escala de 5 sons

ESCALA HEXAFÔNICA

Escala de 6 sons
Formada de intervalos de 1 tom

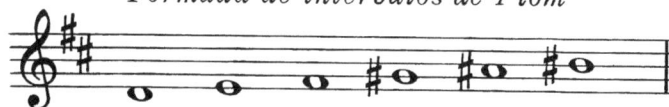

ESCALA ÁRABE

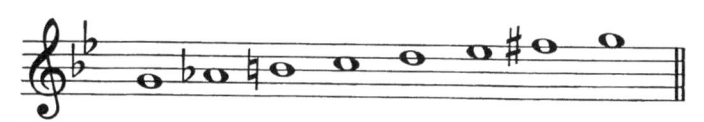

ESCALA TZIGANA

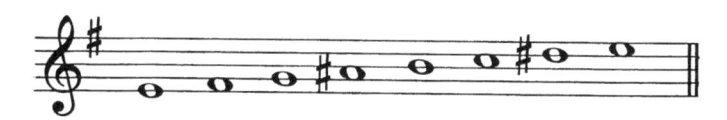

ESCALA CHINESA

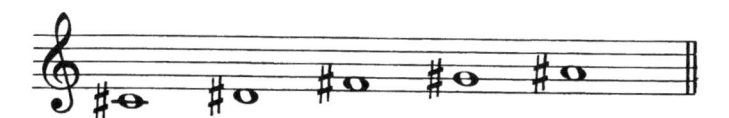

Questionário

1º - Que é Escala Cromática?

2º - Como se forma a Escala Cromática Maior?

3º - Qual o grau que tem alteração descendente na Escala Cromática Maior Ascendente? E quais os graus que não se cromatizam?

4º - Qual o grau que tem alteração ascendente na Escala Cromática Maior Descendente? Quais os graus que não se cromatizam?

5º - Na Escala Cromática Menor, tanto subindo como descendo, qual o grau que tem alteração descendente? Quais os graus que não se cromatizam?

6º - Quantos semitons cromáticos e diatônicos tem a Escala Cromática?

7º - A que tons pertencem as notas alteradas da Escala Cromática?

8º - Cite alguns nomes de outras Escalas.

Deveres

1º) Formar as Escalas Cromáticas de: SOL M, LÁ M, SI M e FÁ# M ascendentes e descendentes.

2º) Formar as Escalas Cromáticas de: MI m, SI m, FÁ# m e DÓ# m.

3º) Formar as Escalas Cromáticas de: FÁ M, MI♭ M, LÁ♭ M e RÉ♭ M.

4º) Formar as Escalas Cromáticas de: RÉ m, SOL m, DÓ m e FÁ m.

5º) Assinalar os semitons diatônicos e cromáticos das seguintes escalas.

SOLFEJOS
Solfejos com frases cromáticas
(Fáceis)

130

Nº 100

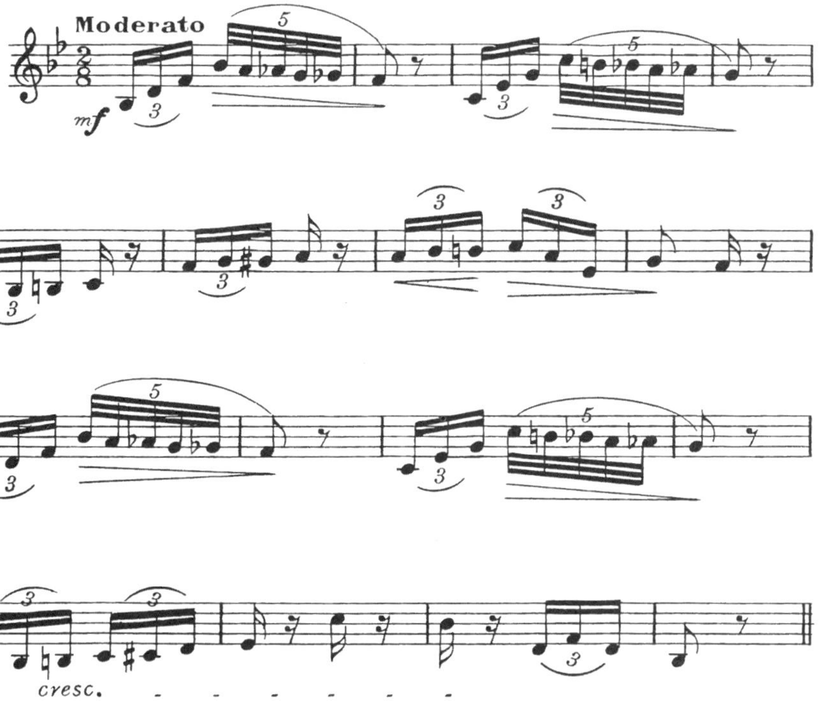

Nº 101

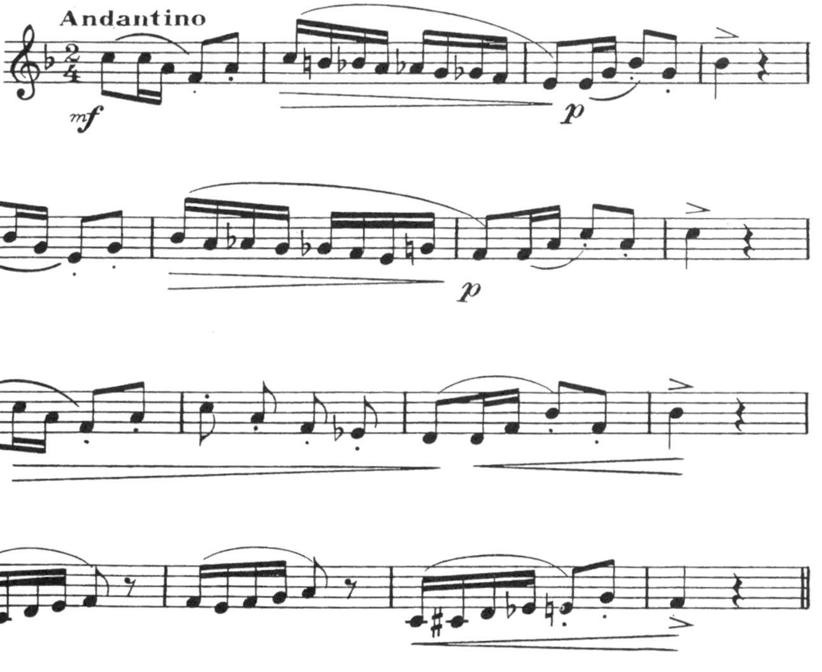

Atonalidade

Atonalidade — é o sistema harmônico onde os acordes se encadeiam sem nenhuma idéia de tonalidade.

O austríaco Arnoldo Schöenberg denominou a escala cromática temperada de "Escala de 12 sons," que, de suas notas alteradas proporcionava a criação de melodias livres, sem tonalidade definida, como se usa hoje, frequentemente, na música moderna.

Escala Dodecafônica ou Atonal

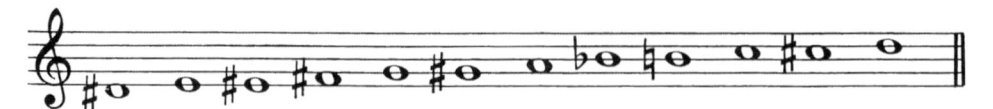

Solfejo Atonal

Nº 102 — Andante

DITADO

Ditados com frases Cromáticas.

17ª Lição

PLANO DE AULA	APROVEITAMENTO
1º - **Compassos Mistos** 2º - **Compassos Alternados** 3º - **Solfejo** 4º - **Ditado**	Teoria .... Deveres .... Solfejo .... Ditado ....

Compassos Mistos

Chamam-se **Compassos Mistos** quando num trecho musical são executados dois compassos diferentes, simultaneamente.

Os Compassos Mistos podem ser formados por compassos simples ou por compassos simples e compostos.

Formado por dois compassos simples diferentes.

Formado por um compasso simples e um composto.

Compassos Alternados

Compassos Alternados — são aqueles formados pela junção de dois ou três compassos de diferentes espécies.

O Compasso Binário combinado com o Compasso Ternário resulta no Compasso Alternado Quinário (de cinco tempos).

$$Ex. \ \frac{2}{4} + \frac{3}{4} = \frac{5}{4} \quad \text{ou vice-versa} \quad \frac{3}{4} + \frac{2}{4} = \frac{5}{4}$$

Usa-se uma linha pontilhada para separar os compassos que formam o Compasso Alternado, porém este recurso não é obrigatório.

Combinando um Ternário com um Quaternário, teremos o Compasso Setenário (de sete tempos), $Ex.\ \dfrac{3}{4}+\dfrac{4}{4}=\dfrac{7}{4}$.

Combinando os Compassos Binário, Ternário e Quaternário, teremos o Compasso Alternado Nonário (de nove tempos), $Ex.\ \dfrac{2}{4}+\dfrac{3}{4}+\dfrac{4}{4}=\dfrac{9}{4}$

E assim, o mesmo processo para os outros Compassos Alternados Simples, como por exemplo: $\dfrac{2}{2}+\dfrac{3}{2}=\dfrac{5}{2}$ | $\dfrac{3}{8}+\dfrac{4}{8}=\dfrac{7}{8}$ | $\dfrac{2}{16}+\dfrac{3}{16}+\dfrac{4}{16}=\dfrac{9}{16}$

Compassos Alternados Compostos

Seguindo a regra da multiplicação dos numeradores das frações por 3 e os denominadores por 2, encontraremos as frações dos Compassos Alternados Compostos, correspondentes dos Alternados Simples.

$Ex.\ \dfrac{5\times 3}{4\times 2}=\dfrac{15}{8}$ (Quinário Composto)

$Ex.\ \dfrac{7\times 3}{4\times 2}=\dfrac{21}{8}$ (Setenário Composto)

$Ex.\ \dfrac{9\times 3}{4\times 2}=\dfrac{27}{8}$ (Nonário Composto)

E assim, o mesmo processo para os outros Compassos Alternados Compostos, como por exemplo: $\begin{array}{c}5\times3=15\\8\times2=16\end{array}$ | $\begin{array}{c}7\times3=21\\2\times2=4\end{array}$ | $\begin{array}{c}9\times3=27\\16\times2=32\end{array}$

Para se encontrar os Compassos Correspondentes Alternados Simples dos Compassos Alternados Compostos é ao inverso: divide-se o numerador por 3 e o denominador por 2. Ex. $\begin{array}{c}15\div3=5\\16\div2=8\end{array}$ | $\begin{array}{c}21\div3=7\\4\div2=2\end{array}$ | $\begin{array}{c}27\div3=9\\32\div2=16\end{array}$

Todos os Compassos Alternados Simples e Compostos não possuem Unidade de Compasso e sim Unidade de Som. Entretanto, os Compassos Setenários Simples e os Quinários Compostos podem ter Unidade de Compasso ou Unidade de Som.

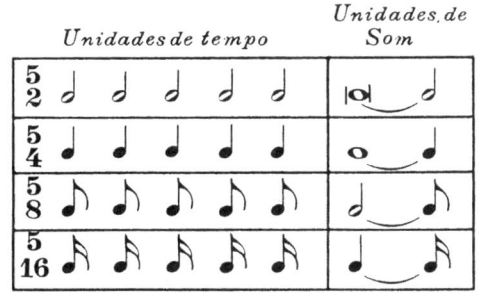

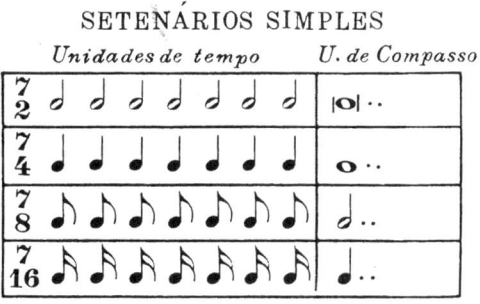

Quadro dos Compassos Alternados

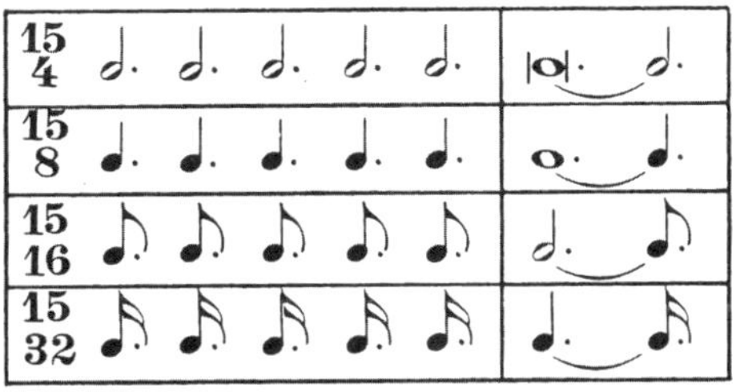

QUINÁRIOS SIMPLES / QUINÁRIOS COMPOSTOS

SETENÁRIOS SIMPLES / SETENÁRIOS COMPOSTOS

NONÁRIOS SIMPLES		NONÁRIOS COMPOSTOS	
Unidades de tempo	Unidades de Som	Unidades de tempo	Unidades de Som
9/2 ♩♩♩♩♩♩♩♩♩	𝅗𝅥·· o	27/4 ♩·♩·♩·♩·♩·♩·♩·♩·♩·	𝅝··𝅗𝅥·
9/4 ♩♩♩♩♩♩♩♩♩	o·· 𝅗𝅥	27/8 ♩·♩·♩·♩·♩·♩·♩·♩·♩·	𝅗𝅥·· ♩·
9/8 ♪♪♪♪♪♪♪♪♪	𝅗𝅥·· 𝅗𝅥	27/16 ♪·♪·♪·♪·♪·♪·♪·♪·♪·	o·· ♪·
9/16 ♬♬♬♬♬♬♬♬♬	♩·· ♪	27/32 ♬·♬·♬·♬·♬·♬·♬·♬·♬·	𝅗𝅥· ♪

Acentuação Métrica

Os compassos que formam qualquer Compasso Alternado têm acentuação forte no 1º Tempo de cada um.

F f f F f

Questionário

1º - Que são Compassos Mistos?
2º - Que são Compassos Alternados?
3º - Quais os compassos que formam o Compasso Quinário?
4º - E os que formam o Setenário e o Nonário?
5º - Como encontrar as frações dos Compassos Alternados Compostos?
6º - E dos Compassos Alternados Compostos, como encontrar as frações dos Simples?
7º - Quais são os dois Compassos Alternados que podem ter Unidade de Som ou Unidade de Compasso?

Deveres

1º) Dar um exemplo de Compassos Mistos formados somente por compassos simples.
2º) Dar um exemplo de Compassos Mistos formados por um compasso simples e um composto.
3º) Indique as unidades de tempo e de compasso de: $\frac{7}{2}, \frac{15}{8}, \frac{7}{16}$ e $\frac{15}{4}$.
4º) Indique as unidades de tempo e de som de: $\frac{5}{2}, \frac{9}{16}, \frac{21}{4}$ e $\frac{27}{32}$.

SOLFEJOS
Compassos Mistos

Nº 103

COMPASSOS ALTERNADOS
Baseado em Escala Cigana

Nº 104

Nº 105

Nº 106 — Andante

Nº 107 — Adagio

Mudança de Compassos

Nº 108 — Andante

Nº 109

DITADO

Ditados em compassos alternados.
Reconhecimento auditivo dos acordes de 3 sons.

140

18ª Lição

PLANO DE AULA	APROVEITAMENTO
1º - Notas Atrativas 2º - Exercícios Rítmicos Brasileiros 3º - Solfejo 4º - Ditado	Teoria .... Deveres .... Ex. Rítmicos .... Solfejo .... Ditado ....

Notas Atrativas

Notas Atrativas — são aquelas que pedem resolução, atraindo outras notas, dando sentido de repouso.

As Notas Atrativas são o IV e o VII graus das escalas maiores e menores.

O IV grau atrai o III e o VII grau atrai o I (*Tônica*).

Tom de Dó Maior

IV   III   VII   I

Tom de Sol Maior

IV   III   VII   I

O IV e VII graus quando sobrepostos (ouvidos simultaneamente) formam um intervalo harmônico dissonante de 4ª aumentada. O IV grau atrai o III e o VII atrai o I, resolvendo assim num intervalo consonante de 6ª M ou menor, (*Resolução Natural*). *Notas atrativas nos seguintes tons:*

DÓ MAIOR — 4ª aum. 6ª m
DÓ MENOR — 4ª aum. 6ª M
SOL MAIOR — 4ª aum. 6ª m
SOL MENOR — 4ª aum. 6ª M
FÁ MAIOR — 4ª aum. 6ª m
FÁ MENOR — 4ª aum. 6ª M

A inversão da 4ª aumentada resulta num intervalo de 5ª diminuta, cujas notas atrativas resolvem num intervalo de 3ª M ou menor, (*Resolução Natural*).

DÓ MAIOR — 5ª dim. 3ª M
DÓ MENOR — 5ª dim. 3ª m
SOL MAIOR — 5ª dim. 3ª M
SOL MENOR — 5ª dim. 3ª m
FÁ MAIOR — 5ª dim. 3ª M
FÁ MENOR — 5ª dim. 3ª m

Pelo exposto acima verifica-se que as duas notas atrativas (IV e VII graus), que formam **Intervalos Dissonantes**, têm Resolução Natural em **Intervalos Consonantes**.

Questionário

1º - Que são Notas Atrativas?

2º - Quais são as Notas Atrativas?

3º - Quais os intervalos dissonantes formados por estas duas notas atrativas?

4º - O intervalo de 4ª aumentada resolve em que intervalos consonantes?

5º - O intervalo de 5ª diminuta em que intervalos consonantes resolve?

6º - Quais as notas atrativas de Sol M, Ré m, Si♭ M e Fá menor?

7º - A 4ª aumentada no tom de Dó m, resolve em que intervalo consonante?

8º - A 5ª diminuta no tom de Ré M, resolve em que intervalo consonante?

Deveres

1º) Dar a resolução natural das notas atrativas do intervalo harmônico de 4ª aumentada dos seguintes tons: Ré M, Dó m, Lá M, Ré m, Mi♭ M e Dó♯ menor.

2º) Resolução natural das notas atrativas do intervalo harmônico de 5ª diminuta dos seguintes tons: Lá m, Si m, Si♭ M, Fá♯ m e Ré♭ maior.

3º) Dar a resolução natural dos intervalos de 4ª aumentada e de 5ª diminuta dos seguintes tons: Sol m, Fá♯ m, Mi M e Mi menor.

Exercícios Rítmicos Brasileiros

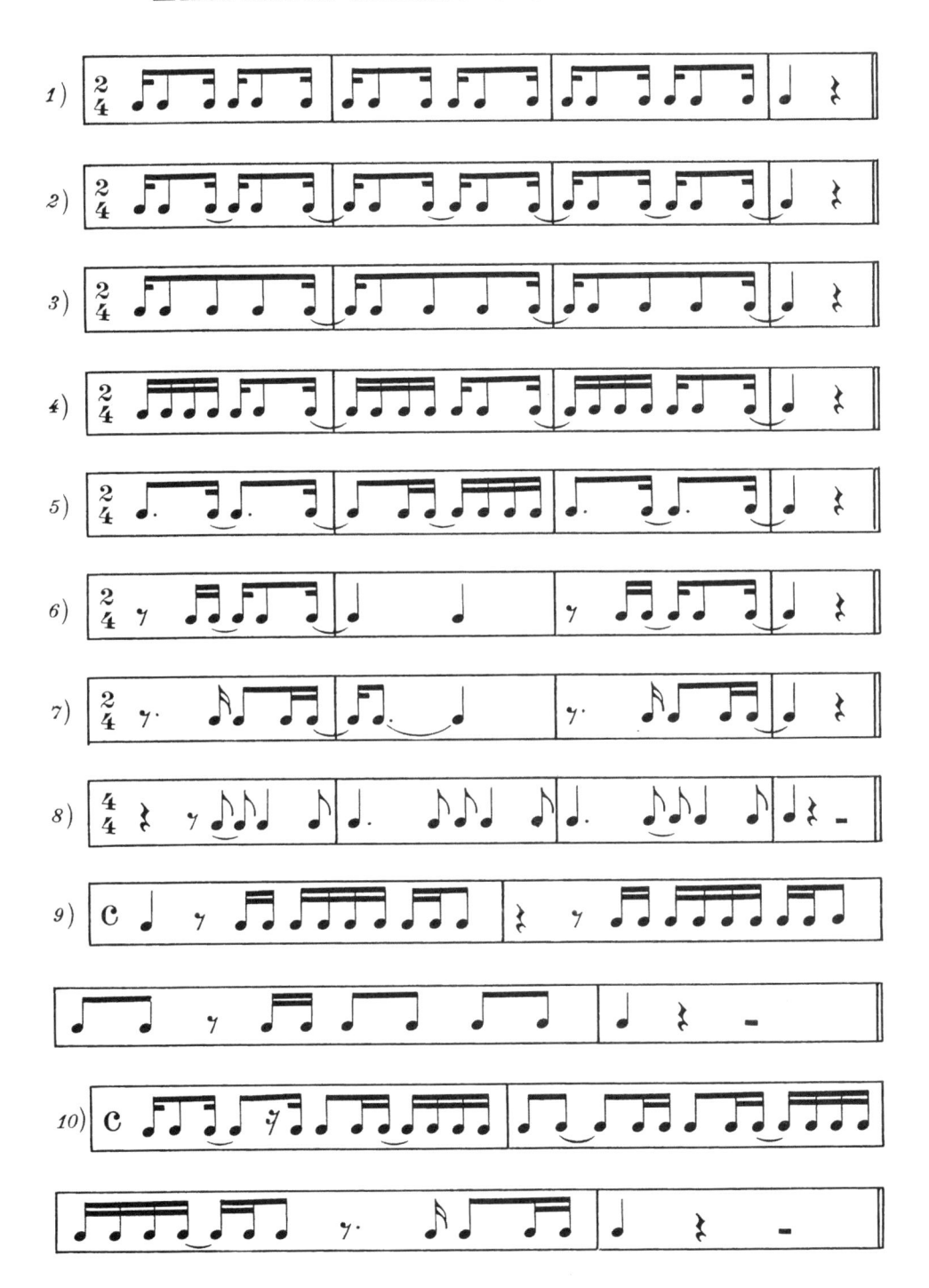

SOLFEJOS
RÍTMOS BRASILEIROS

Nº 110 — Allegro Grazioso

Nº 111 — Allegro Grazioso

DITADO

Ditados conforme a aula e ditados rítmicos.
Reconhecimento auditivo dos acordes de 4 sons.

19ª Lição

PLANO DE AULA	APROVEITAMENTO
1º - Enarmonia	Teoria ....
2º - Exercícios Rítmicos Brasileiros	Deveres ....
3º - Solfejo	Solfejo ....
4º - Ditado	Ditado ....

Enarmonia

Enarmonia — é a relação entre duas notas de nomes diferentes, porém de mesma entoação.

Uma nota pode ter também duas enarmonias.

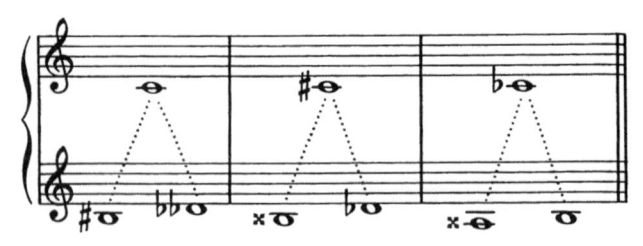

A Enarmonia surgiu do Sistema Temperado, que trata dos instrumentos de sons fixos, onde os semitons cromáticos e diatônicos são iguais. Assim, o tom é dividido em duas partes iguais e a nota do meio que separa o tom em dois semitons terá dois nomes diferentes, mas com a mesma altura do som.

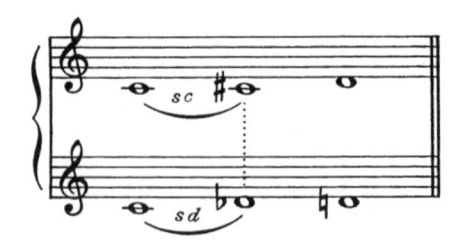

Intervalos Enarmônicos

Intervalos Enarmônicos — são aqueles cujas notas são diferentes, porém, de mesma entoação.

Para enarmonizar os intervalos, observa-se o seguinte:

1º) Enarmonia de ambas as notas. (*Enarmonia Total*).

2º) Enarmonia de apenas uma nota. (*Enarmonia Parcial*).

Quando enarmonizam-se ambas as notas do intervalo, sua classificação pode permanecer a mesma ou mudar, (Enarmonia Total).

Permanecendo a mesma classificação.

Mudando de classificação.

Quando se enarmoniza apenas uma nota do intervalo, este muda de classificação. (*Enarmonia Parcial*).

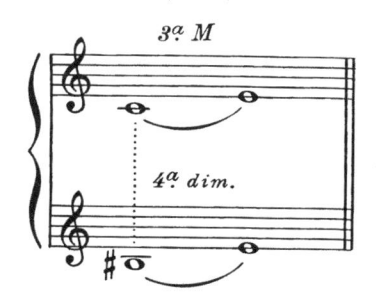

Intervalos Simples e seus Enarmônicos

2ª	M	enarmônico	de 3ª dim.	5ª Justa	enarmônico	de 6ª dim.
2ª	m	,,	de 1ª aumentada ou s.c.	5ª aum.	,,	de 6ª m
2ª dim.		,,	de 1ª J. ou uníssono	6ª M	,,	de 7ª dim.
2ª aum.		,,	de 3ª m	6ª aum.	,,	de 7ª m
3ª M		,,	de 4ª dim.	7ª M	,,	de 8ª dim.
3ª aum.		,,	de 4ª justa	7ª aum.	,,	de 8ª Justa
4ª aum.		,,	de 5ª dim.			

Escalas Enarmônicas

Escalas Enarmônicas — são as que têm notas diferentes, porém, a mesma entoação. Suas armaduras são de alterações diferentes.

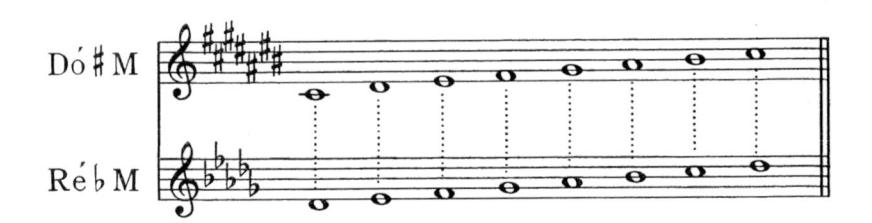

Entre as escalas de sustenidos e bemóis, encontram-se as seguintes escalas enarmônicas.

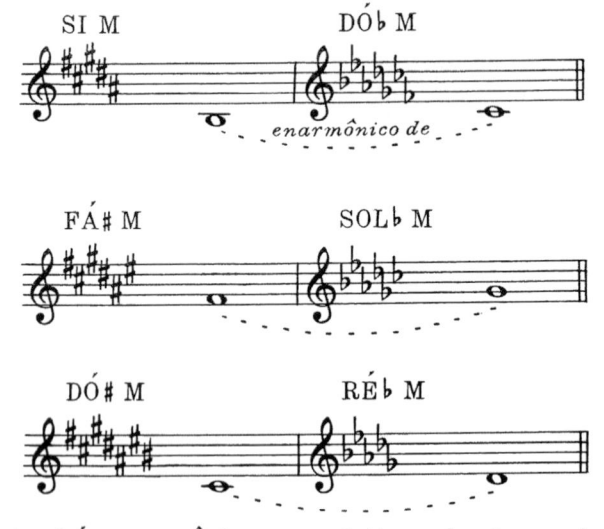

São também enarmônicas as relativas dos tons acima.

Observe que a soma dos acidentes (*Sustenidos e Bemóis*), entre duas escalas enarmônicas, é sempre 12.

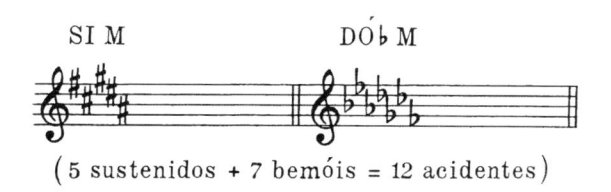

SI M   DÓ♭ M

(5 sustenidos + 7 bemóis = 12 acidentes)

Escalas com mais de 7 alterações

A partir de 7 sustenidos e 7 bemóis, seguindo a regra das 5ªˢ justas ascendentes e descendentes, começa-se a usar as escalas com **Sinais Duplos de Alteração**.

Estas escalas são empregadas teoricamente na Enarmonia, porém, na prática são substituídas por seus tons enarmônicos.

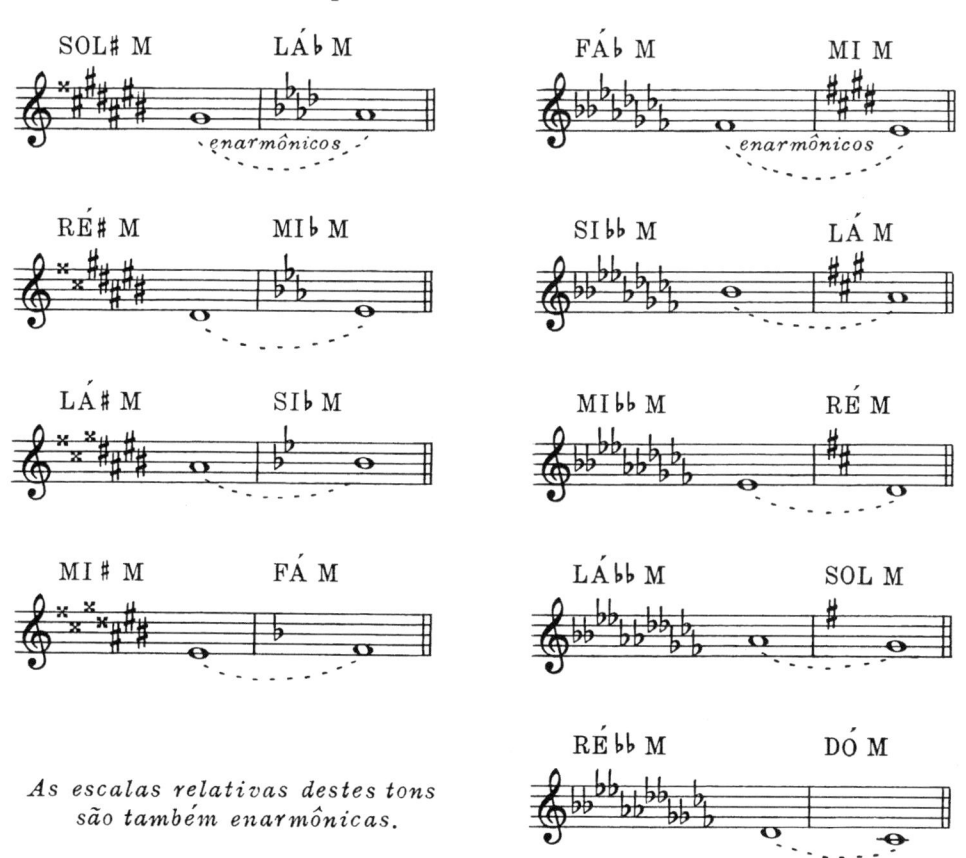

SOL♯ M   LÁ♭ M   FÁ♭ M   MI M
enarmônicos   *enarmônicos*

RÉ♯ M   MI♭ M   SI♭♭ M   LÁ M

LÁ♯ M   SI♭ M   MI♭♭ M   RÉ M

MI♯ M   FÁ M   LÁ♭♭ M   SOL M

As escalas relativas destes tons são também *enarmônicas*.

RÉ♭♭ M   DÓ M

Ciclo das 5ᵃˢ

Pelo "**Ciclo das 5ᵃˢ**" podemos verificar a Enarmonia das escalas de sustenidos e bemóis.

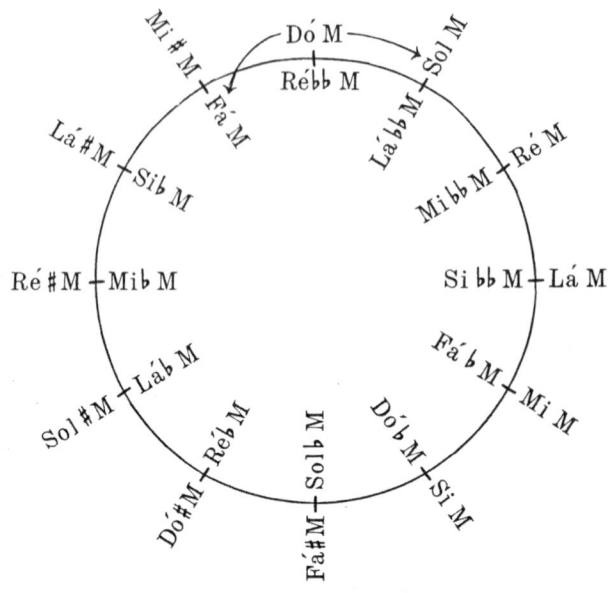

[Diagrama circular do Ciclo das Quintas, contendo as tonalidades:]
Dó M — Sol M — Ré M — Lá M — Mi M — Si M — Fá#M/Solb M — Dó#M/Réb M — Sol#M/Láb M — Ré#M/Mib M — Lá#M/Sib M — Mi#M/Fá M — Si##M/Lá M — Fá b M — Dó b M — Ré bb M — Lá bb M — Mi bb M — Si bb M

Acordes Enarmônicos

São os formados por notas diferentes, porém, de mesma entoação.

[Exemplo musical: três acordes PM enarmônicos]

O acorde pode ser enarmonizado em uma ou mais notas, ou em todas elas. Enarmonia Parcial e Total.

Enarmonia Parcial — quando se enarmoniza somente uma ou mais notas do acorde. Neste caso, o acorde muda de estado e de tom.

Acorde de 5ª aumentada

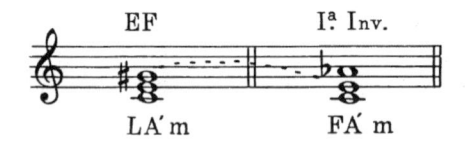

[Exemplo musical:]
EF — LÁ m
1ª Inv. — FÁ m

O acorde acima pode ter outras enarmonias parciais.

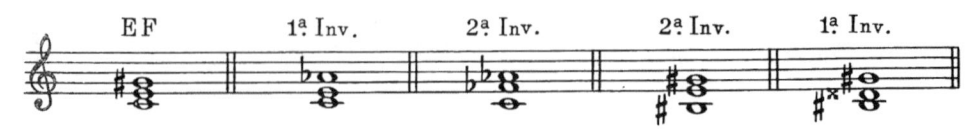

[Exemplo musical: EF, 1ª Inv., 2ª Inv., 2ª Inv., 1ª Inv.]

Acorde de 7ª diminuta

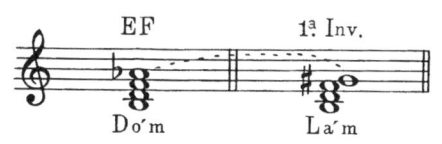

Outras enarmonias parciais do mesmo acorde.

A Enarmonia Parcial dos outros acordes pertence ao estudo de Harmonia, onde se trata dos **Acordes Artificiais**.

Entretanto, daremos um exemplo da Enarmonia Parcial do Acorde Perfeito Maior, que se transforma em Acorde Dissonante Artificial.

Acorde Perfeito Maior

Estes acordes são artificiais por que suas notas não pertencem ao tom de origem.

Enarmonia Total — quando enarmonizam-se todas as notas do acorde.

O acorde enarmonizado totalmente não modifica o seu estado, e sim muda de tom.

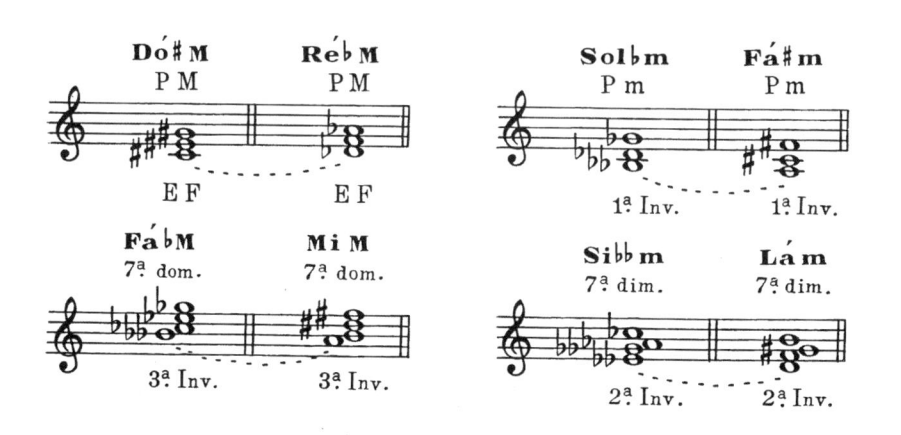

Questionário

1º - O que é Enarmonia?
2º - De qual sistema surgiu a Enarmonia?
3º - O que são Intervalos Enarmônicos?
4º - Na Enarmonia Parcial o intervalo conserva a mesma classificação?
5º - E na Enarmonia Total?
6º - O que são Escalas Enarmônicas?
7º - Qual o numero da soma dos acidentes entre duas escalas enarmônicas?
8º - O que são Acordes Enarmônicos?
9º - Qual a modificação do acorde na Enarmonia Parcial?
10º - E na Enarmonia Total, qual a sua modificação?

Deveres

1º) Enarmonizar as seguintes notas:

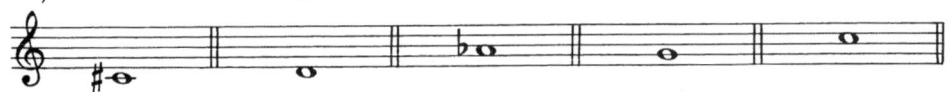

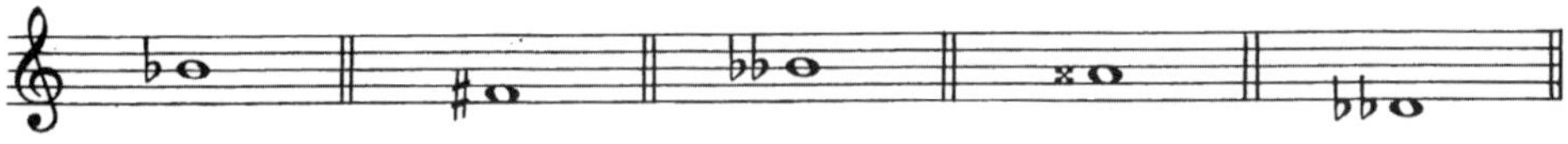

2º) Enarmonizar parcialmente os seguintes intervalos:

Modelo: 2ª M   3ª dim.   3ª dim.

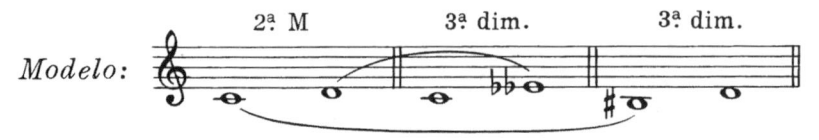

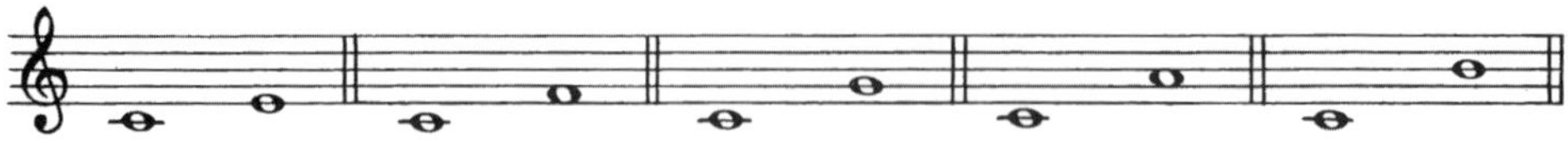

3º) Enarmonizar totalmente os seguintes intervalos, conservando a mesma classificação.

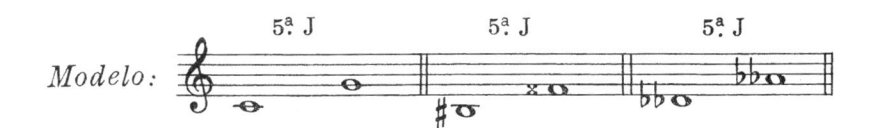

4º) Enarmonizar as seguintes escalas maiores: DÓ# M, SI M, MI♭ M, SOL M e FÁ M, colocando as armaduras conforme modelo da aula.

5º) Enarmonizar as seguintes escalas menores: SI m, LÁ# m, SOL# m, MI m e DÓ m.

6º) Enarmonizar somente uma nota dos seguintes acordes:

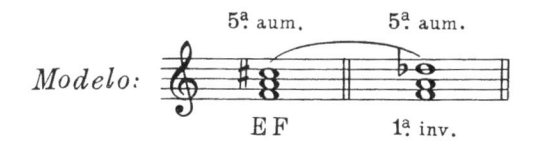

7º) Enarmonizar somente duas notas dos seguintes acordes:

8º) Fazer a Enarmonia Total dos seguintes acordes:

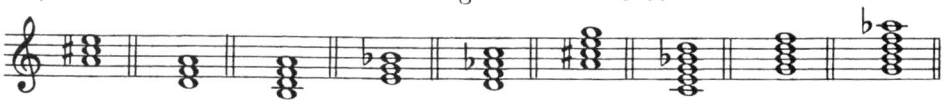

SOLFEJOS

Solfejos com Enarmonia

Nº 114

Exercícios Rítmicos Brasileiros

SOLFEJOS
RITMOS BRASILEIROS

Nº 115 — Allegro

Nº 116 — Allegro

Nº 117

DITADO

Ditados de acordo com a lição e ditados rítmicos. Reconhecimento auditivo dos acordes de 3 e 4 sons.

20ª Lição

PLANO DE AULA	APROVEITAMENTO
1º - Gêneros 2º - Solfejo 3º - Ditado	Teoria .... Deveres .... Solfejo .... Ditado ....

Gêneros

Gêneros — são as qualidades com que as notas se apresentam na escrita de um trecho musical.

Há três espécies de gêneros:

GÊNERO DIATÔNICO
GÊNERO CROMÁTICO
GÊNERO ENARMÔNICO

Gênero Diatônico — é quando numa composição musical são utilizadas as notas da Escala Diatônica.

Gênero Cromático — é quando num trecho musical aparecem notas Cromatizadas.

Gênero Enarmônico — é quando num trecho musical aparecem notas Enarmônicas.

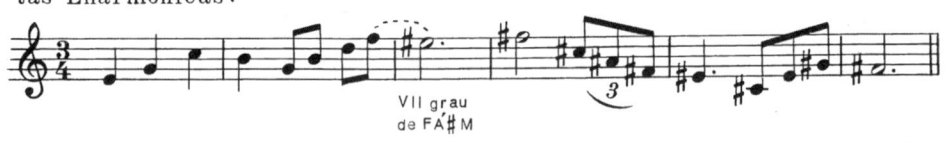

VII grau
de FÁ#M

O Fá natural, 7ª do acorde da Dominante de Dó M (*Sol-Si-Ré-Fá*), é enarmônico de Mi#, 3ª do acorde da Dominante de Fá#, (*Dó#-Mi#-Sol#-Si*), tom afastado de Dó M.

O Gênero Enarmônico aparece quase sempre nas modulações para os tons afastados.

Questionário

1º - Que são Gêneros?

2º - Quantas espécies de Gêneros existem?

3º - Que é Gênero Diatônico?

4º - Quando o Gênero é Cromático?

5º - Quando o Gênero é Enarmônico?

Deveres

Indicar os Gêneros das seguintes melodias

SOLFEJOS

Nº 118

Nº 119

160

(Solfejos com ritmos brasileiros)

Nº 120

Nº 121 — Allegro

(Solfejos com frases cromáticas)

Nº 122 — Lento

162

DITADO

Ditados com as tonalidades desta aula.
Ditados rítmicos em compassos compostos.

21ª Lição

PLANO DE AULA	APROVEITAMENTO
1º - Escala Geral 2º - Solfejo 3º - Ditado	Teoria .... Deveres .... Solfejo .... Ditado ....

Escala Geral

Escala Geral — é a série de 97 sons empregados na música.

Esses 97 sons, (57 naturais e 40 alterados), têm por base de afinação a nota LÁ do Diapasão Normal.

Diapasão Normal — é um instrumento que emite o LÁ do 2º espaço da Pauta, na Clave de Sol, que serve para afinação de todos os instrumentos musicais.

LÁ do Diapasão Normal

O mais grave dos 97 sons da Escala Geral é o 5º DÓ abaixo do LÁ do Diapasão Normal e o mais agudo é o 4º DÓ acima deste LÁ.

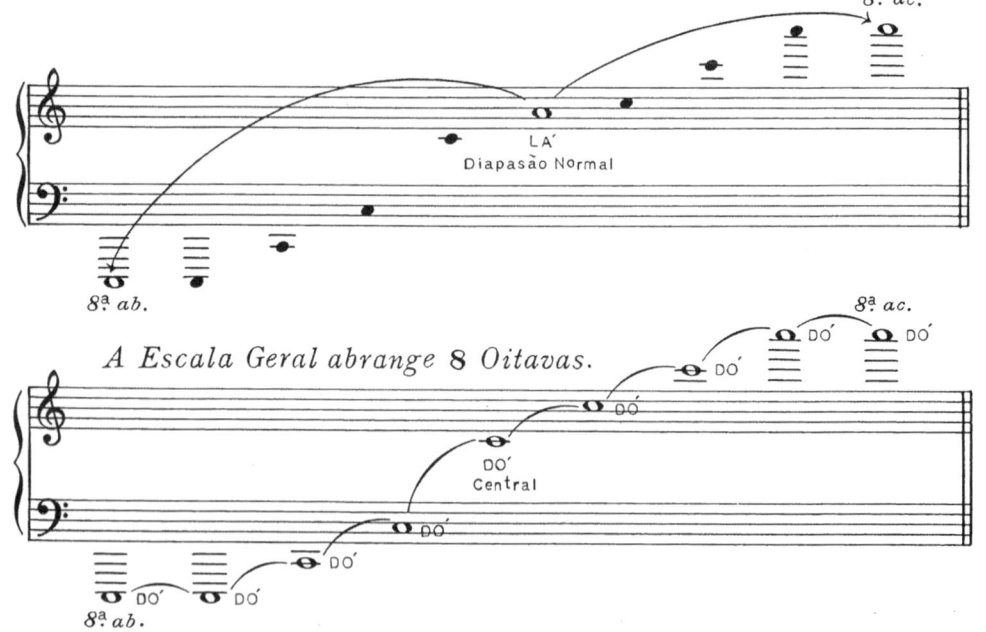

A Escala Geral abrange 8 Oitavas.

Numeração das Oitavas

Essas oitavas são numeradas a partir da mais grave, para que assim fique determinada a altura dos sons nas suas respectivas oitavas na Escala Geral, sem se recorrer à pauta e às claves.

Primeiramente as oitavas foram numeradas a partir do DÓ da 2ª linha suplementar inferior da Clave de Fá 4ª linha (3º DÓ abaixo do LÁ do Diapasão Normal), que passou a chamar-se DÓ 1.

Este DÓ é justamente a nota mais grave do Violoncello.

Depois, com o aparecimento de instrumentos com notas muito graves, a ordem das oitavas na Escala Geral, ganhou uma nova numeração.

As duas oitavas abaixo do DÓ 1 foram numeradas com o sinal de — (menos) DÓ —1 (*DÓ menos 1*) e DÓ —2 (*DÓ menos 2*).

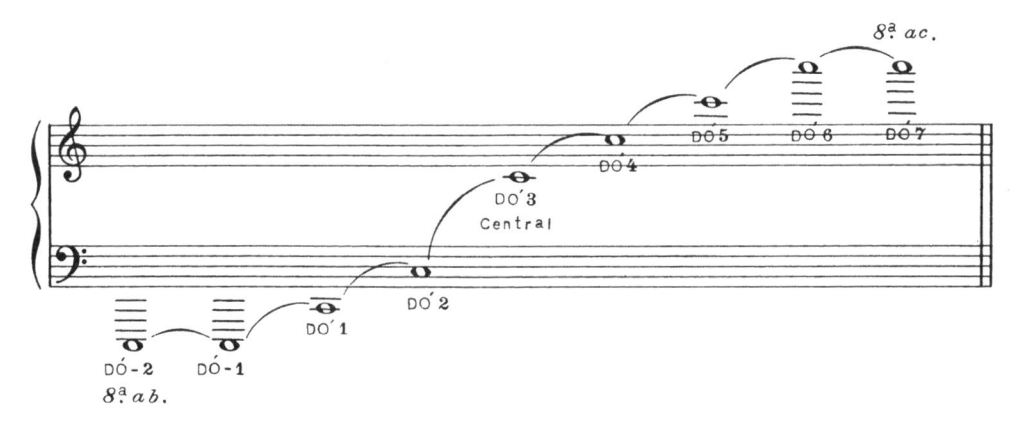

O DÓ 3, por estar situado no centro da Escala Geral, é denominado DÓ Central.

O Grande Orgão possui todas as notas da Escala Geral e o Flautin é o instrumento que emite a nota mais aguda e mais nítida.

Numeração de todos os sons

Todas as notas contidas em cada oitava da Escala Geral recebem a numeração da oitava a que pertencem.

Notas da Oitava 2
A partir do Dó 2

Regiões da Escala Geral

A Escala Geral é dividida em 5 Regiões

Região Sub-Grave
ou Gravíssima .... do DÓ — 2 ao DÓ 1 (2 oitavas)

Região Grave .... do DÓ 1 ao DÓ 2 (1 oitava)

Região Média .... do DÓ 2 ao DÓ 4 (2 oitavas)

Região Aguda .... do DÓ 4 ao DÓ 5 (1 oitava)

Região Super Aguda
ou Agudíssima .... do DÓ 5 ao DÓ 7 (2 oitavas)

A extensão entre o DÓ 1 e o DÓ 5 (Grave, Média e Aguda), é denominada **Região Central**.

Esta Região tem a extensão de 49 sons, sendo 29 naturais e 20 alterados.

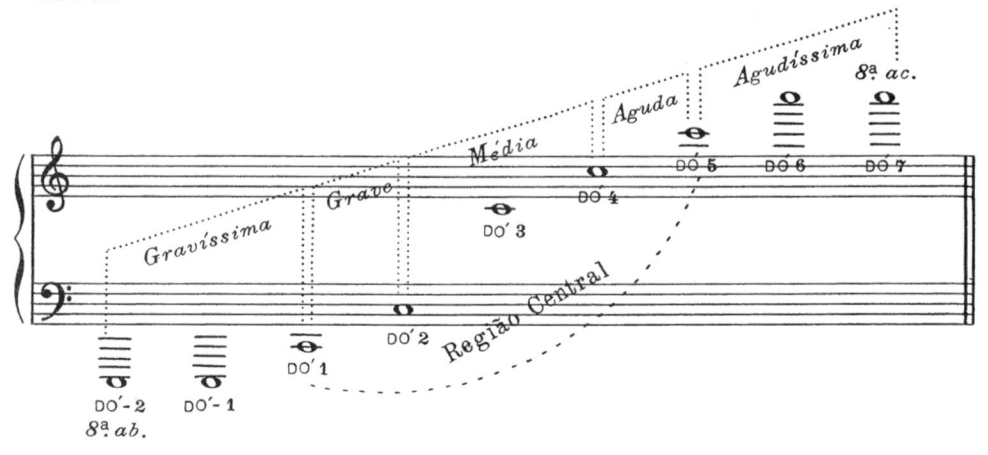

As Regiões da Escala Geral podem ser escritas nas seguintes claves:

Região Grave na Clave de Fá, 3ª e 4ª linha.

Região Média na Clave de Dó 2ª, 3ª e 4ª linha.

Região Aguda na Clave de Sol e Dó 1ª linha.

Localização das Vozes na Escala Geral

Entre o DÓ 1 e o DÓ 5 (Região Central) está situada também a extensão das Vozes.

Vozes Femininas

Soprano .... do DÓ 3 ao LÁ 4
Meio Soprano do LÁ 2 ao FÁ 4
Contralto .... do FÁ 2 ao RÉ 4

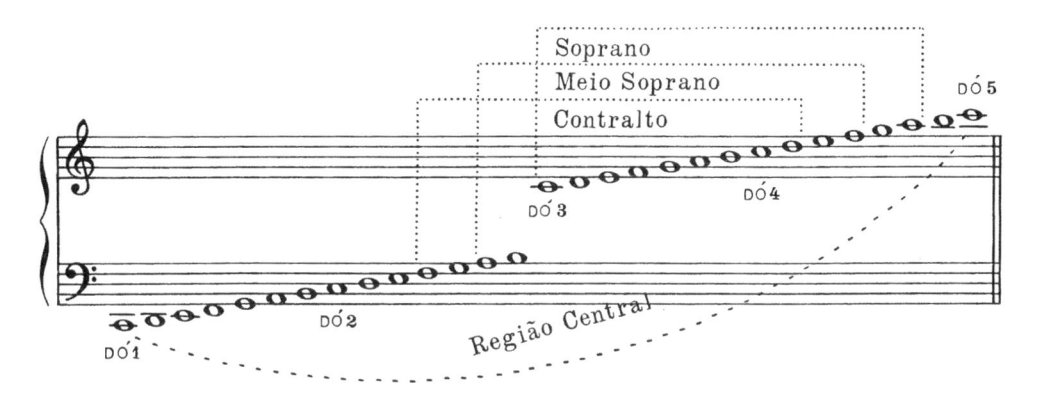

Vozes Masculinas

Tenor .... do DÓ 2 ao LÁ 3
Barítono do LÁ 1 ao FÁ 3
Baixo .... do FÁ 1 ao RÉ 3

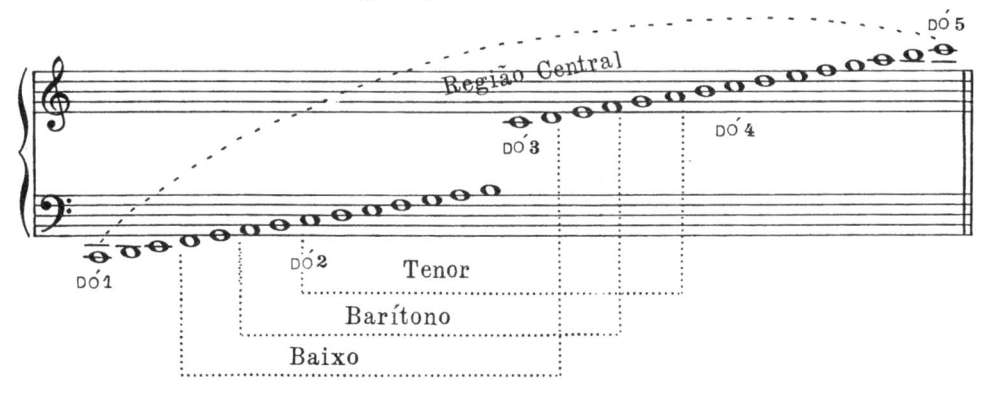

Comparando um quadro com outro, observa-se que as vozes correspondentes guardam entre si a distância de uma oitava.

Questionário

1º - Que é Escala Geral?
2º - Quantos sons naturais contém e quantos alterados?
3º - Qual a nota que serve de base para afinação dos sons da Escala Geral?
4º - Que é Diapasão Normal?
5º - Quantas oitavas tem a Escala Geral?
6º - Qual é o som mais grave e o mais agudo da Escala Geral?
7º - Como se numeram as oitavas da Escala Geral?
8º - Como se denomina o DÓ 3?
9º - Quantas regiões tem a Escala Geral?
10º - Quais as regiões que abrangem a Região Central?
11º - Qual a extensão das vozes femininas na Escala Geral?
12º - Qual a extensão das vozes masculinas na Escala Geral?

Deveres

1º) Escrever o Dó 4, Si 3, Lá 5, Sol 3 na clave de Sol.
2º) Escrever o Lá 2, Ré 2, Si 1, Sol 2 e Ré 1 na clave de Fá, 4ª linha.
3º) Escrever o Si 2 nas claves de Dó 2ª, 3ª e 4ª linha.
4º) Escrever o Fá 1 nas claves de Fá 3ª e 4ª linha.

SOLFEJOS

Solfejos com mudança de Clave

Nº 124

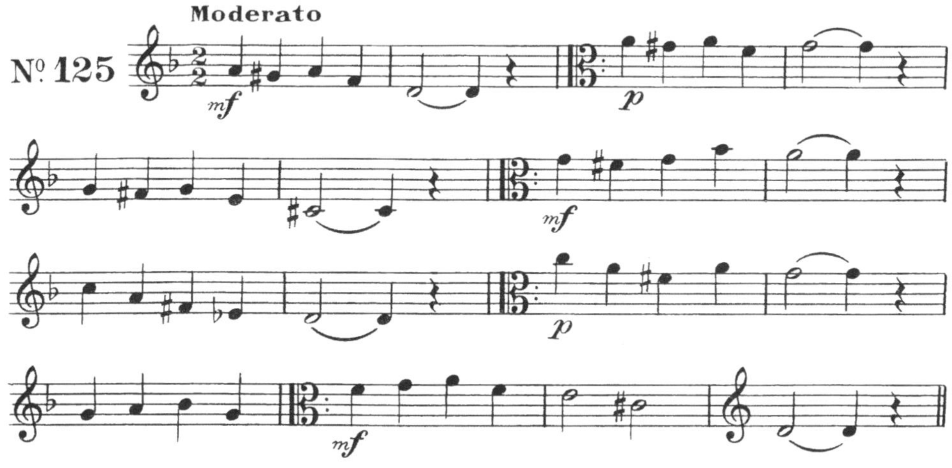
Moderato
Nº 125

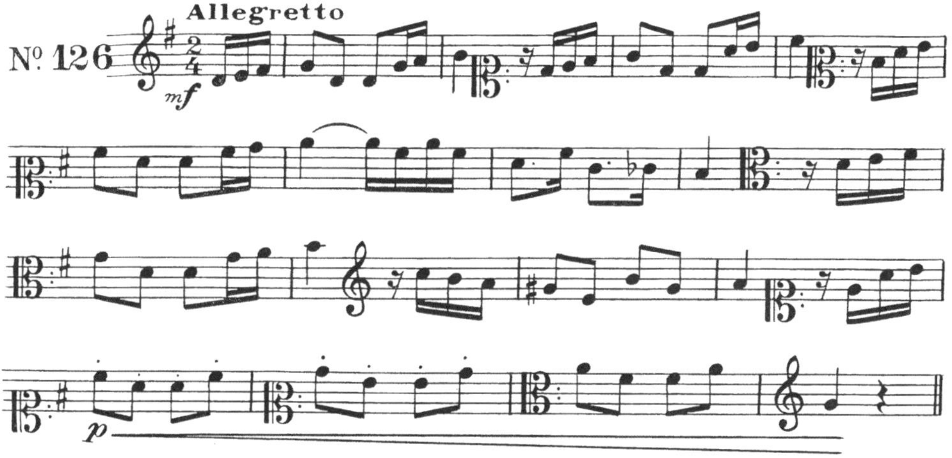
Allegretto
Nº 126

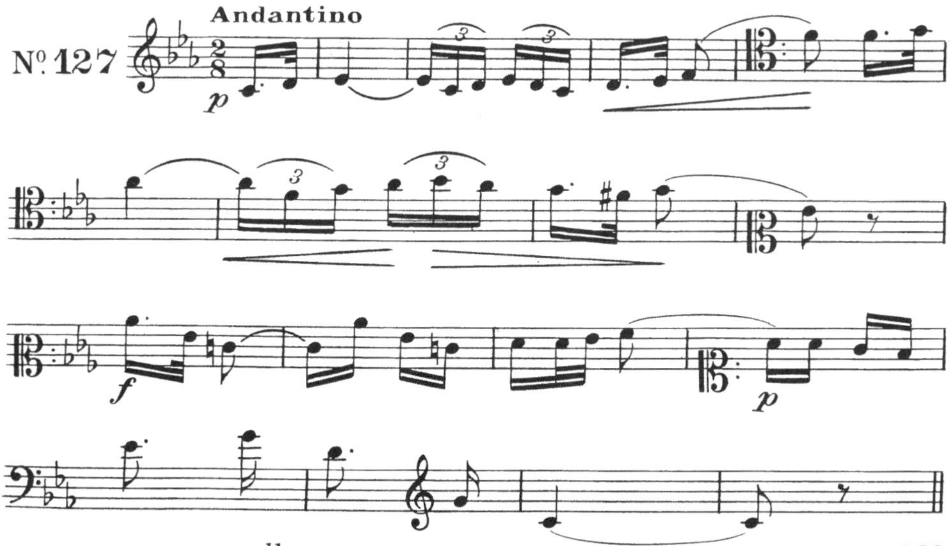
Andantino
Nº 127
rall.

DITADO

Ditados com os ritmos dados e reconhecimento auditivo de acordes de 3 e 4 sons nas tonalidades até 3 sustenidos e 3 bemóis.

22ª Lição

PLANO DE AULA	APROVEITAMENTO
1º - Transposição	Teoria ....
2º - Exercícios Rítmicos Brasileiros	Deveres ....
3º - Solfejo	Solfejo ....
4º - Ditado	Ditado ....

Transposição

Transposição — é a mudança do tom de um trecho musical para outro tom diferente.

A transposição pode ser **Escrita ou Oral**.

Transposição Escrita

A Transposição Escrita pode ser feita sem mudança de clave ou com mudança de clave.

Transposição Escrita, sem mudança de clave

De acordo com o intervalo que se deseja transportar, abaixo ou acima do tom original, observa-se o seguinte:

1º) Coloca-se a armadura da clave do novo tom.
2º) De acordo com o intervalo determinado, transportam-se todas as notas.
3º) Se durante o trecho original houver notas alteradas, elas serão também alteradas para conservar o intervalo da transposição.

Transporte de DÓ M para RÉ M (2ª M Superior)

Transporte de FÁ M para MI♭ M (2ª M Inferior)

Notas alteradas no decorrer do trecho

Transporte de DÓ M para RÉ M (2ª M Superior)

Observe-se que todas as notas alteradas durante o trecho original acima foram também alteradas para conservar o intervalo da transposição.

Neste trecho apresentado há alterações da mesma espécie e de espécies diferentes: RÉ# e MI# (alterações da mesma espécie); e SI♭ - DÓ♮ e SI♮ - DÓ# (alterações de espécies diferentes).

Transporte de RÉ m para DÓ m (2ª M Inferior)

Transposição Escrita, com mudança de clave

Para o transporte escrito com mudança de clave, observe-se o seguinte:

Transportam-se as notas do trecho original para o intervalo que se deseja, escrevendo-as na clave previamente determinada e com a nova armadura na clave.

O maior cuidado que se deve ter neste transporte é o de colocar as notas da nova clave na altura exata dos sons.

Para isto verifica-se no "Quadro do Uníssono nas Claves" a posição exata do DÓ Central da nova clave indicada, como referência de todas as notas.

Quadro do Uníssono do DÓ Central em todas as Claves

Clave de Sol para Clave de Dó, 1ª linha

Transporte para 2ª M Superior

CLAVE DE SOPRANO

Clave de Sol para Clave de Dó, 2ª linha

Transporte para 2ª M Inferior

CLAVE DE MEIO SOPRANO

Transporte para um semitom cromático superior ou inferior

Este transporte pode ser feito com mudança de clave ou sem mudança de clave.

Com mudança de Clave

Semitom cromático superior   *Semitom cromático inferior*

Sem mudança de Clave

Semitom cromático superior   *Semitom cromático inferior*

Transposição Lida ou Oral

Transposição Lida — é a que permite fazer mentalmente o transporte com o auxílio das claves, sem mudar o lugar das notas e sim seus nomes.

1º) Transporta-se mentalmente a tônica do trecho original para o intervalo desejado (que será a tônica do novo tom).

DÓ Maior para RÉ Maior

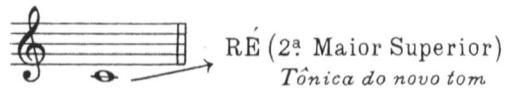

RÉ (2ª Maior Superior)
Tônica do novo tom

2º) Procura-se, com o auxílio das claves, qual a clave que contém este RÉ no mesmo lugar do DÓ da Clave de Sol.

Sete notas com o auxílio das Claves

Com o emprego das Claves, as notas não mudam de lugar, mas sim de nome.

DÓ   RÉ   MI   FÁ   SOL   LÁ   SI

O RÉ encontra-se na Clave de DÓ, 3ª linha.

Encontrada a Clave, imagina-se também a armadura de RÉ M (2 sustenidos).

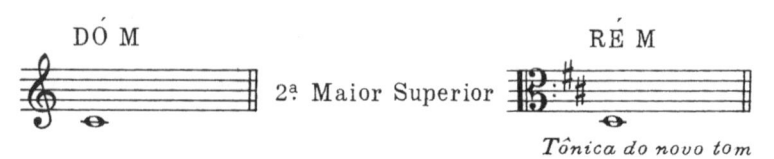

DÓ M   2ª Maior Superior   RÉ M

Tônica do novo tom

Transporte Lido ou Oral

DÓ M — Dó Mi Sol Mi Ré Fá Sol Dó

RÉ M — Ré Fá Lá Fá Mi Sol Lá Ré

3º) Quando há alterações durante o trecho.

Para este 3º caso observam-se as seguintes regras:

1ª Regra

a) Quando o tom a transportar tem mais sustenidos na armadura do que o tom original.

Primeiramente encontra-se a diferença a mais dos sustenidos do tom original. Esta diferença é contada a partir do 1º sustenido da Ordem dos Sustenidos.

No exemplo abaixo há 3 sustenidos a mais (FÁ-DÓ-SOL), que são as alterações da diferença.

As notas alteradas durante o trecho sofrerão alteração de um semitom cromático ascendente, se coincidirem com as três alterações exedentes (FÁ-DÓ-SOL).

As notas alteradas durante o trecho, que não pertencerem a esta diferença, não sofrerão modificações.

Transporte para 3ª m Inferior
(Clave de Soprano)

SOL M

MI M

b) Quando o trecho a transportar tem menos bemóis na armadura do que o trecho original.

Encontra-se a diferença dos bemóis a menos no tom a transportar.

No exemplo abaixo a diferença é de 2 bemóis, cuja quantidade é contada pela Ordem dos Sustenidos (FÁ-DÓ).

As notas alteradas durante o trecho que coincidirem com esta diferença (FÁ-DÓ), serão elevadas de um semitom cromático.

As outras notas alteradas durante o trecho não sofrerão modificações.

Transporte para 2ª M Superior

(Clave de Contralto)

2ª Regra

a) Quando o tom a transportar tem menos sustenidos na armadura do que o tom original.

Contam-se os sustenidos a menos do tom a transportar.

No exemplo seguinte a diferença é de 2 sustenidos que serão contados pela Ordem dos Bemóis (SI-MI).

As notas alteradas durante o trecho que coincidirem com esta diferença (SI-MI), serão abaixadas de um semitom cromático.

As outras notas alteradas durante o trecho não sofrerão modificações.

Transportar para 2ª M Inferior

(Clave de Tenor)

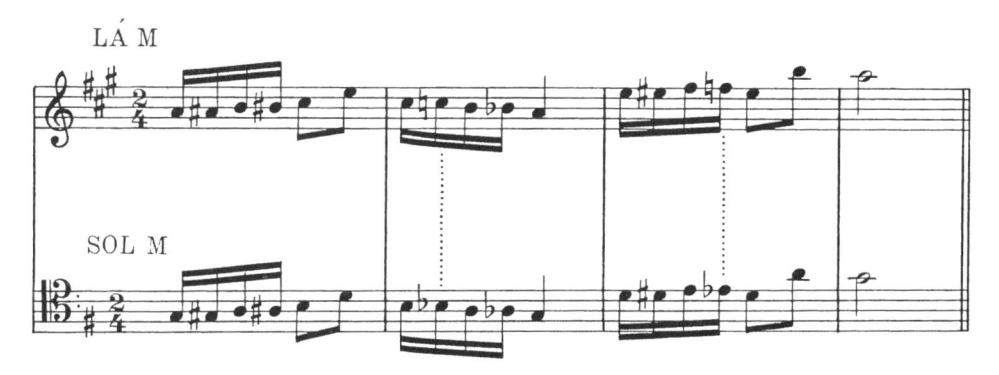

b) Quando o tom a transportar tem mais bemóis na armadura do que o tom original.

Contam-se os bemóis a mais do tom a transportar.

No exemplo abaixo a diferença é de 3 bemóis que serão contados pela Ordem dos Bemóis (SI-MI-LÁ).

As notas alteradas que coincidirem com esta diferença (SI-MI-LÁ), serão abaixadas de um semitom cromático.

As outras notas alteradas durante o trecho não sofrerão modificações.

Transportar para 3ª m Superior

(Clave de Baixo)

3ª Regra

a) Quando o tom a transportar tem sustenidos na armadura e bemóis no tom original.

Somam-se as alterações das armaduras e contam-se pela Ordem dos Sustenidos.

As notas alteradas durante o trecho que coincidirem com as alterações desta soma, serão elevadas de um semitom cromático, menos as que não coincidirem com esta soma.

Transporte para 3ª M Superior
(Clave de Baixo)

2♭ + 2♯ = 4♯ (FÁ DÓ SOL RÉ)

b) Quando o tom a transportar tem bemóis na armadura e sustenidos no tom original.

Procede-se de maneira inversa, seguindo a Ordem dos Bemóis.

As notas alteradas que coincidirem com as alterações desta soma serão abaixadas de um semitom cromático.

4ª Regra

a) Se o total das duas armaduras, quando forem de espécies diferentes e excederem a 7 alterações.

Quando o tom a transportar tem sustenidos na armadura e o original bemóis, a quantidade das alterações que excederem a 7 serão contadas pela Ordem dos Sustenidos e elevadas de dois semitons cromáticos, e as outras alterações elevadas somente de um semitom.

b) Quando o tom a transportar é com bemóis e o tom original com sustenidos: a operação é inversa.

Claves para o Transporte

Estando o trecho original na Clave de Sol, de acordo com o intervalo, o transporte recebe as seguintes claves:

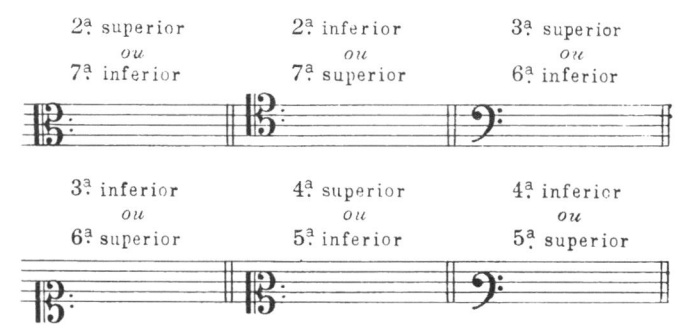

2ª superior
ou
7ª inferior

2ª inferior
ou
7ª superior

3ª superior
ou
6ª inferior

3ª inferior
ou
6ª superior

4ª superior
ou
5ª inferior

4ª inferior
ou
5ª superior

Músicas Escritas em duas Claves

Aplica-se o mesmo processo anterior, quando se transportam músicas escritas em duas claves: Sol e Fá 4ª linha.

Procuram-se no "Uníssono nas Claves" as claves que substituirão a Clave de Sol e Fá 4ª linha.

DÓ M

RÉ M

Resumo

Pelo exposto nesta aula, fica bem claro que na Transposição Escrita o trecho pode conservar a mesma clave ou passar para uma outra clave previamente determinada, mudando as notas de lugar e de nome.

Na Transposição Lida ou Oral, o trecho passa para outra clave "mentalmente encontrada" e as notas não mudam de lugar e sim de nome.

Exemplo do Transporte Escrito e Oral

Tom Original
Transportar para 3ª menor inferior

Transporte Escrito

Sem mudança de Clave

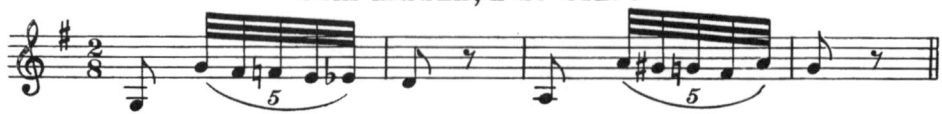

Com mudança de Clave
Clave de Dó 3ª linha (*Clave de Contralto*)

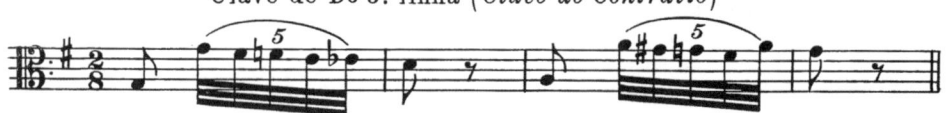

Transporte Lido ou Oral
Clave de Dó 1ª linha, encontrada mentalmente
(*Clave de Soprano*)

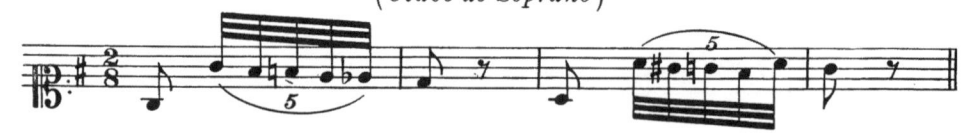

Questionário

1º - O que é Transposição ?
2º - Quantas espécies de Transposição existem ?
3º - Como pode ser feita a Transposição Escrita ?
4º - Como é feita a Transposição Escrita, sem mudança de clave ?
5º - Como é feita a Transposição Escrita, com mudança de clave ?
6º - O que é Transposição Lida ou Oral ?
7º - Quais são as regras da Transposição Lida ?
8º - De acordo com os intervalos da Transposição Lida, quais são as claves que se empregam quando o trecho original está na clave de Sol ?

Deveres

1º) Transportar o trecho abaixo, sem mudança de clave, para os seguintes intervalos: 2ª M superior, 2ª M inferior, 3ª m inferior e 3ª m superior.

2º) Transportar o trecho abaixo, sem mudança de clave, para os seguintes intervalos: 4ª aum. inferior, 5ª aum. inferior, 3ª M superior e 6ª m superior.

3º) Transportar o trecho abaixo para a clave de Contralto (Dó 3ª linha), uma 4ª justa inferior.

4º) Transportar o trecho abaixo para a clave de Tenor (Dó 4ª linha), uma 4ª diminuta inferior.

5º) Transportar o trecho abaixo para a clave de Soprano (Dó 1ª linha), uma 2ª Maior inferior.

6º) Transportar o trecho abaixo para a clave de Meio Soprano (Dó 2ª linha), uma 2ª Maior inferior.

7º) Transportar o trecho abaixo para a clave de Barítono (Fá 3ª linha), uma 2ª Maior inferior.

8º) Transportar o trecho abaixo para a clave de Baixo (Fá 4ª linha), uma 5ª justa inferior.

SOLFEJOS

Tranposição Lida

2ª M superior e 2ª M inferior

Nº 130

4ª justa superior e 3ª M superior

Nº 131

2ª M superior e 3ª m inferior

Nº 132

2ª M superior e 3ª M superior

Nº 133

2ª M inferior 3ª m inferior

Nº 134 — Allegretto

2ª M inferior 4ª justa inferior

Nº 135 — Moderato

3ª m inferior 2ª M superior

Nº 136 — Allegretto

2ª m superior 2ª M inferior

Nº 137 — Andantino

DITADO

Ditados nos compassos $\frac{2}{4}$, $\frac{3}{4}$ e seus correspondentes compostos, em tons maiores e menores.

23ª Lição

PLANO DE AULA	APROVEITAMENTO
1º - Série Harmônica 2º - Solfejo 3º - Ditado	Teoria .... Deveres .... Solfejo .... Ditado ....

Som

Som — é o resultado das vibrações dos corpos sonoros.

Ao fazermos vibrar uma corda esticada de um instrumento, produz-se uma vibração de cada lado desta corda.

A vibração pode ser Simples ou Dupla.

Vibração Simples — é a que corresponde apenas a um lado da corda e **Vibração Dupla** é a que abrange os dois lados.

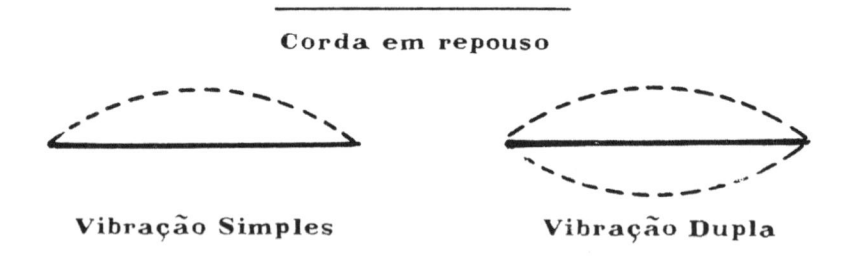

Corda em repouso

Vibração Simples   **Vibração Dupla**

Qualidades do Som Musical

São 3 as qualidades do Som Musical: Altura, Intensidade e Timbre.

Altura do Som — é a que se distingue de acordo com a quantidade de vibrações. O som se torna **Agudo** quanto maior for a quantidade de vibrações, e **Grave** quanto menor for o número de vibrações.

Intensidade do Som — conforme a amplitude das vibrações o som pode ser **Forte** ou **Fraco**.

Se as vibrações são amplas, o som será **Forte**, e se as vibrações tiverem pouca amplitude, o som torna-se-á **Fraco**.

Timbre do Som — é a qualidade do som, que o caracteriza e o distingue dos outros, varia de acordo com a quantidade de harmônicos gerados da fonte sonora, daí resultando o timbre do tenor, do soprano, etc. e de cada instrumento.

Som Gerador ou Som Fundamental

Som Gerador — é o som produzido pelas vibrações da corda em toda a sua extensão. Este som, ao ser produzido, dá origem a outros sons parciais, chamados Harmônicos ou Concomitantes.

Este número de sons é ilimitado.

Sons Harmônicos

São os sons produzidos pelas subdivisões das vibrações da corda, que vibram simultaneamente com o Som Gerador, que é a base e o ponto de partida desses Sons Harmônicos.

Ao ouvir-se a corda em toda a sua extensão, esta vibra ao mesmo tempo suas duas metades, seus 3 terços, seus 4 quartos, etc.

Série Harmônica

Série Harmônica — é a série de sons partindo do Som Gerador ou Fundamental, acompanhado por seus Sons Harmônicos ou Concomitantes.

2º Som da Série Harmônica

É o som produzido pelas duas metades da corda, uma 8ª justa acima do Som Gerador.

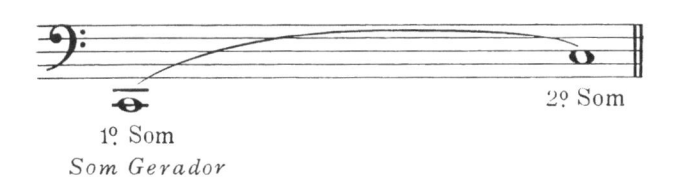

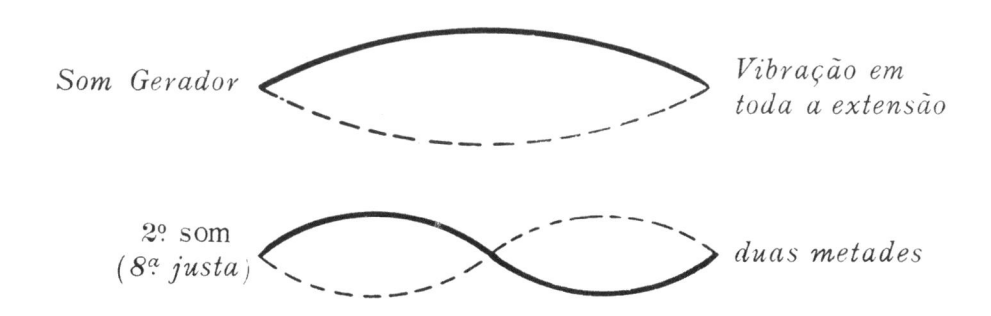

1º Som
Som Gerador

2º Som

Som Gerador — Vibração em toda a extensão

2º som (8ª justa) — duas metades

3º Som

Ao mesmo tempo que vibram o Som Gerador e o 2º Som, vibram também 3 terços da corda, produzindo o 3º Som que forma a 5ª justa.

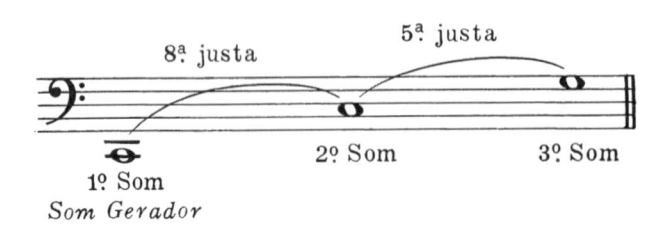

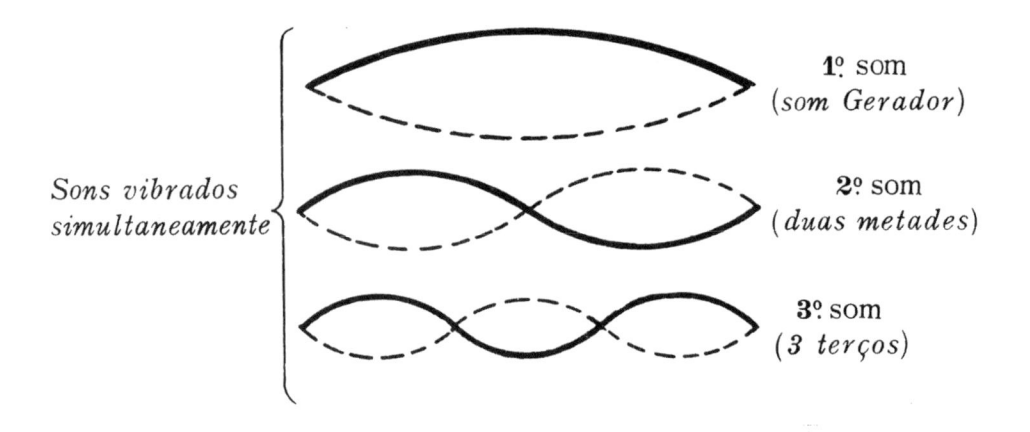

8ª justa — 5ª justa

1º Som / Som Gerador — 2º Som — 3º Som

Sons vibrados simultaneamente:
- 1º som (*som Gerador*)
- 2º som (*duas metades*)
- 3º som (*3 terços*)

E assim, enquanto vibram esses sons, outros sons parciais vão vibrando conjuntamente, gerados das subdivisões da corda em 4, 5, 6, etc.

- 4 subdivisões (4ª justa) — 4º som
- 5 subdivisões (3ª Maior) — 5º som
- 6 subdivisões (3ª menor) — 6º som

Série Harmônica
(Até ao 10º som)

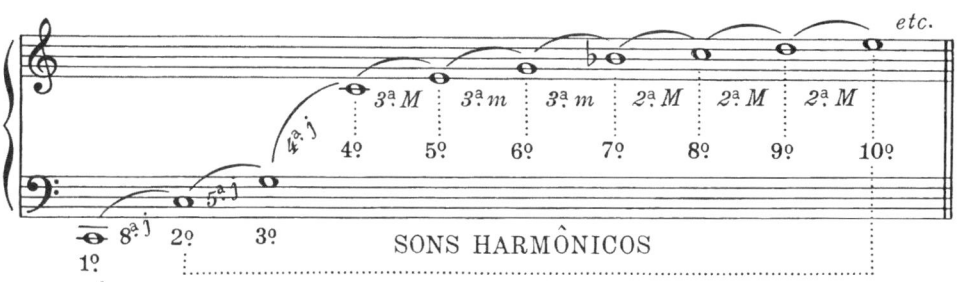

DÓ 1 Som Gerador *ou* Fundamental

Intervalos da Série Harmônica

8ª justa entre o 1º e 2º som
5ª justa   ″   ″ 2º e 3º som
4ª justa   ″   ″ 3º e 4º som
3ª Maior   ″   ″ 4º e 5º som
3ª menor   ″   ″ 5º e 6º som
3ª menor   ″   ″ 6º e 7º som
2ª Maior   ″   ″ 7º e 8º som
2ª Maior   ″   ″ 8º e 9º som
2ª Maior   ″   ″ 9º e 10º som

Os intervalos formados do 1º ao 7º som são **Consonantes**, e os formados depois do 7º são **Dissonantes**.

Série Harmonica com Som Gerador RÉ 1

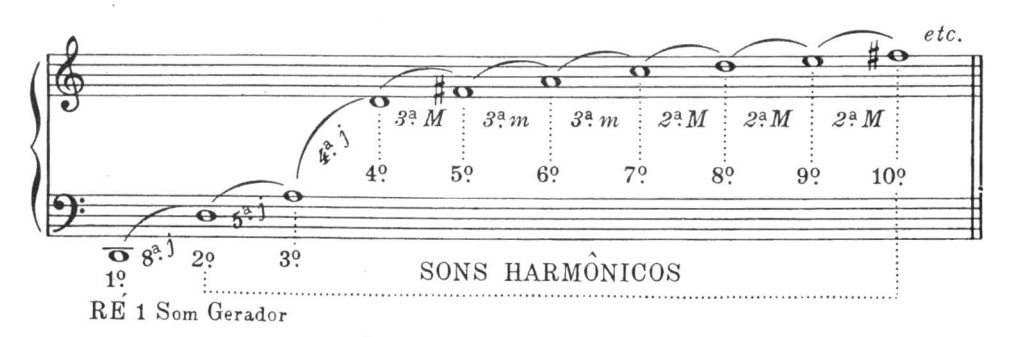

RÉ 1 Som Gerador

Acordes da Série Harmônica
(Até o 9º som)

Acorde Perfeito Maior	formado pelos		4º, 5º e 6º sons
Acorde de 5ª Diminuta	,,	,,	5º, 6º e 7º sons
Acorde de 7ª da Dominante	,,	,,	4º, 5º, 6º e 7º sons
Acorde de 7ª da Sensível	,,	,,	5º, 6º, 7º e 9º sons
Acorde de 9ª M da Dominante	,,	,,	4º, 5º, 6º, 7º e 9º sons

Na Série Harmônica se encontram os Acordes Consonantes Perfeito Maior e Perfeito Menor. O Acorde Consonante Perfeito Menor é encontrado no 6º, 7º e 9º sons da Série Harmônica.

Os Acordes Dissonantes da Série Harmônica, 5ª Diminuta, 7ª Dominante, 7ª da Sensível e 9ª Maior da Dominante, são chamados Dissonantes Naturais.

O Acorde de 9ª menor da Dominante e o de 7ª Diminuta são encontrados com a continuação dos Sons Harmônicos, e são considerados também Dissonantes Naturais.

Série Harmônica até ao 16º Som

Sendo o número de sons parciais ilimitado, seguem abaixo outros sons harmônicos até ao 16º som.

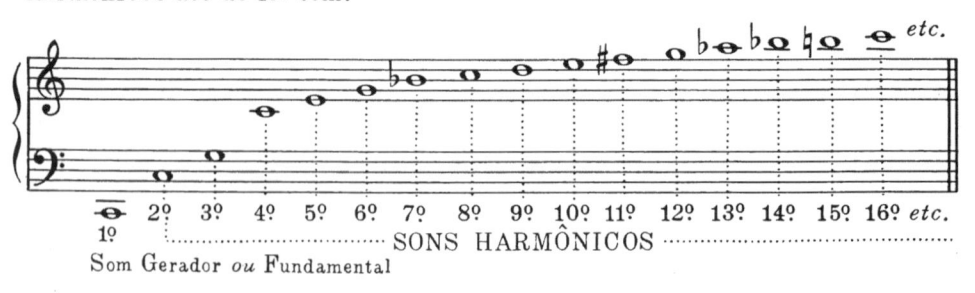

Questionário

1º - Que é Som?
2º - O que é Vibração Simples e Dupla?
3º - Quais as qualidades do Som?
4º - O que caracteriza a Altura do Som?
5º - E a Intensidade do Som?
6º - O que é Timbre do Som?
7º - O que é Som Gerador ou Fundamental?
8º - Que são Sons Harmônicos?
9º - Que é Série Harmônica?
10º - A subdivisão da vibração da corda em 3 terços, que som produz?
11º - Quais os intervalos formados pelos Sons Harmônicos até ao 10º Som?
12º - Em que sons da Série Harmônica se forma o Acorde Perfeito Maior? E o de 5ª Diminuta? E o de 7ª da Dominante? E o de 7ª da Sensível? E o de 9ª M da Dominante?
13º - Quais os Acordes Consonantes da Série Harmônica?
14º - Quais os Acordes Dissonantes Naturais da Série Harmônica?
15º - O Acorde de 7ª Diminuta e o de 9ª m da Dominante são também considerados Acordes Dissonantes Naturais?

Deveres

1º) Formar as Séries Harmônicas dos seguintes sons Fundamentais: FÁ, SI, RÉ, FÁ# e RÉ♭.

2º) Com o Som Fundamental LÁ 1, formar os intervalos Consonantes e Dissonantes da Série Harmônica até o 9º Som.

3º) Com o Som Fundamental SOL 1, formar a Série Harmônica e indicar os acordes nela encontrados até o 9º Som.

SOLFEJOS

Transposição Lida

2ª M Superior

Nº 138

2ª M Inferior

Nº 139

3ª m Inferior

Nº 140 — Moderato

2ª M Inferior

Nº 141 — Allegretto

2ª M Inferior

Nº 142

DITADO

Ditados nos compassos $\frac{2}{4}, \frac{3}{4}, \frac{4}{4}$ e seus correspondentes compostos, com ritmos variados e em qualquer tom Maior ou Menor.

24ª Lição

PLANO DE AULA	APROVEITAMENTO
1º - **Ornamentos: Apogiatura, Mordente, Portamento, Arpejo** 2º - **Solfejo** 3º - **Ditado**	Teoria .... Deveres .... Solfejo .... Ditado ....

Ornamentos

Ornamentos — são notas que ornamentam as notas reais de uma melodia.

São representados por pequenas notas ou sinais.

As principais espécies de Ornamentos são: Apogiatura, Mordente, Portamento, Arpejo, Grupeto, Floreio, Cadência, Trinado e Glissando.

Cada Ornamento, de acordo com a sua espécie, na sua execução subtrai parte da duração da nota real onde foi colocado.

Apogiatura *ou* Apojatura

Apogiatura — ornamento que antecede a nota real, representado por uma ou duas notas, guardando intervalo de um tom ou semitom da nota real.

A Apogiatura pode ser Simples e Sucessiva ou Dupla.

Apogiatura Simples: de uma só nota.

Apogiatura Sucessiva ou Dupla: de duas notas.

Há duas espécies de Apogiatura Simples: Breve e Longa.

Apogiatura Breve — representada por uma pequena colcheia antes da nota real, cortada por um pequeno traço, (pode ser Superior ou Inferior).

Superior — quando guarda acima da nota real o intervalo de 2ª Maior ou menor

Inferior — quando guarda abaixo da nota real o intervalo de 2ª menor.

Apogiatura Breve Superior

Apogiatura Breve Inferior

193

Execução da Apogiatura Breve

Na execução da Apogiatura Breve, observe-se o seguinte:

Conforme o andamento de um trecho musical, ela subtrai $\frac{1}{4}, \frac{1}{8}, \frac{1}{16}$ *etc*, do valor da nota real.

Nos andamentos lentos, a Apogiatura Breve tem menos duração do que nos andamentos rápidos.

Andamento Rápido:

Andamento Lento:

Sempre que subtrair da nota real o valor da Apogiatura, completa-se o valor total com figuras ligadas, quando esta nota real valer mais de 1 tempo.

Apogiatura Breve no Andamento Rápido

Apogiatura Breve no Andamento Lento

Apogiatura Longa

A Apogiatura Longa tem sempre o valor da figura que a representa.

Execução da Apogiatura Longa

Há 3 casos na execução da Apogiatura Longa, dependendo do valor da nota real.

1º) Quando colocada antes de uma nota simples, vale metade da nota real.

2º) Colocada antes de uma nota pontuada.

Há 2 casos:

a) Se a Apogiatura tem a mesma figura da nota real, toma todo o valor da nota real e esta o valor do ponto, ($\frac{2}{3}$ do total).

b) Se a Apogiatura tem a figura do mesmo valor do ponto, vale o valor do ponto, ($\frac{1}{3}$ do total).

3º) Colocada antes de uma nota seguida de uma nota em Uníssono.

A 1ª nota do Uníssono (nota real) desaparece e é substituída pela Apogiatura, que toma todo o seu valor.

A Apogiatura Longa é executada da mesma maneira tanto no Andamento Lento como no Rápido.

Apogiatura Sucessiva ou Dupla

É a reunião das duas Apogiaturas, Superior e Inferior, representada por duas semicolcheias.

Apogiatura Sucessiva Superior: quando a 1ª nota é superior à nota real.

Apogiatura Sucessiva Inferior: quando a 1ª nota é inferior à nota real.

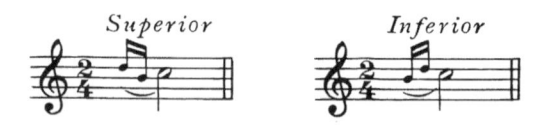

Execução da Apogiatura Sucessiva

Na execução da Apogiatura Sucessiva observa-se o seguinte: conforme o Andamento de um trecho musical, ela subtrai $\frac{1}{4}, \frac{1}{8}$, etc. do valor da nota real.

Nos Andamentos Lentos a Apogiatura Sucessiva tem menos duração que nos Andamentos Rápidos.

Se a nota real é uma semibreve ou mínima, a Apogiatura é executada na 4ª ou na 8ª parte destas figuras, conforme o Andamento.

Quando a nota real é uma semínima ou colcheia, a Apogiatura é executada na metade ou na 4ª parte, dependendo sempre do Andamento.

Sempre que subtrair da nota real o valor da Apogiatura Sucessiva, completa-se o valor total com figuras, quando esta nota real valer mais de um tempo.

Andamento Rápido

Notação

Execução

Andamento Lento

Notação

Execução

Mordente

Mordente — é o ornamento representado por duas notas em semicolcheias, sendo a 1ª igual à nota real e a 2ª guardando o intervalo de 2ª Maior ou menor da nota real.

O Mordente é superior quando a 2ª nota está acima da nota real, e inferior quando a 2ª nota está abaixo.

O Mordente é representado também pelos sinais: Superior ⁀ e Inferior ⁀.

Superior   *Inferior*

ou   *ou*

Observe que o sinal do Mordente Inferior é cortado por um pequeno traço.

Caso a 2ª nota do Mordente Superior for alterada, coloca-se esta alteração acima do sinal, e quando a 2ª nota do Mordente Inferior for alterada coloca-se a alteração abaixo do sinal.

Superior   *Inferior*

ou   *ou*

A execução do Mordente em relação à duração do seu valor, é idêntica à execução da Apogiatura Sucessiva, tanto no valor da nota real como nos Andamentos.

Andamento Rápido

Notação

Execução

Andamento Lento

Notação

Execução

Portamento

Portamento — é o ornamento representado por uma nota em forma de colcheia, que antecipa a nota real, tendo ambas a mesma entoação.

A nota do Portamento, na sua execução, é subtraída do valor da nota que a antecede, dependendo a sua duração do Andamento indicado no trecho musical.

Portamento

Notação

Andamento Vivo

Execução

Andamento Lento

Execução

Arpejo

Arpejo — é a execução sucessiva das notas de um acorde.

É representado por uma linha ondulada, vertical, antes do acorde.

Arpejo nas Duas Claves
Concerto Nº 1 de Tschaikowsky

Questionário

1º - Que são Ornamentos ?
2º - Quais os principais Ornamentos ?
3º - O que é Apogiatura ?
4º - Quantas espécies de Apogiatura existem ?
5º - Como é representada a Apogiatura Breve ? Qual sua execução ?
6º - E a Apogiatura Longa ? Qual sua execução ?
7º - E a Apogiatura Sucessiva ? Como é executada ?
8º - O que é Mordente ? Como é representado ?
9º - Que é Portamento ? Qual sua execução ?
10º - O que é Arpejo e como é representado ?

Deveres

Realizar, nas pautas em branco, os seguintes Ornamentos:

Exercícios Rítmicos

Nos exercícios seguintes pronuncia-se a sílaba TÁ na parte de cima, e na de baixo marca-se o ritmo com a mão, simultaneamente.

Exercícios Rítmicos

Outros exercícios poderão ser idealizados pelo professor para maior independência rítmica.

SOLFEJOS
Com Ornamentos
Apogiatura Breve

Nº 143

Apogiatura Longa

a) Precedida de nota simples

Nº 144

b) Precedida de Uníssono

Nº 145

c) Precedida de nota pontuada

Nº 146

Mordente

Nº 147

DITADO

Ditados em todos os tons e ditados rítmicos em compassos compostos. Recapitulação do conhecimento auditivo dos acordes de 3 e 4 sons em todas as tonalidades.

25.ª Lição

PLANO DE AULA	APROVEITAMENTO
1º - **Ornamentos - Grupeto, Floreio, Cadência, Trinado e Glissando.** 2º - **Solfejo** 3º - **Ditado**	**Teoria** .... **Deveres** .... **Solfejo** .... **Ditado** ....

Grupeto

Grupeto — é o ornamento representado por 3 ou 4 pequenas notas em graus conjuntos, guardando um intervalo de 2ª Superior e Inferior da nota real.

O Grupeto é Superior quando a 1ª nota está acima da nota real, e Inferior quando a 1ª nota está abaixo da nota real.

O Grupeto é representado também pelos sinais ∾ Superior e ∽ Inferior.

Se houver nota superior alterada no Grupeto, coloca-se a alteração acima do Sinal, e se a nota inferior for alterada, coloca-se a alteração abaixo do sinal.

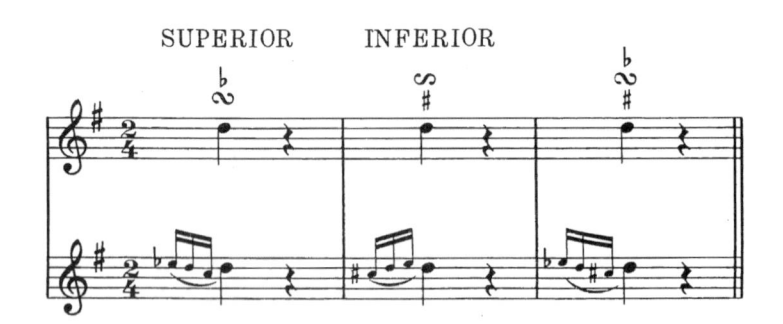

Grupeto de 3 notas

O Grupeto de 3 notas é executado da seguinte maneira:

1º) Quando o sinal do Grupeto está colocado acima da nota real ou representado por 3 pequenas notas, o Grupeto toma o valor da 1ª parte da nota real e esta passa a valer o restante.

2º) Quando o sinal do Grupeto está entre duas notas de entoação igual, o Grupeto toma o valor da última parte da 1ª nota real e esta passa a ter o valor de sua 1ª parte.

Quando a nota valer mais de um tempo, o Grupeto é feito na última 4ª ou 8ª parte da 1ª nota real, ficando esta com o valor de suas primeiras partes.

Esta divisão depende sempre do Andamento: Rápido ou Lento.

Grupeto de 4 notas

O Grupeto é de 4 notas quando está colocado entre duas notas de entoação diferente.

Neste caso, o Grupeto toma o valor da última parte da 1ª nota real, ficando esta com o valor de sua 1ª parte.

Quando a nota valer mais de um tempo, o Grupeto é feito na última 4ª ou 8ª parte da 1ª nota real, ficando esta com o valor de suas primeiras partes.

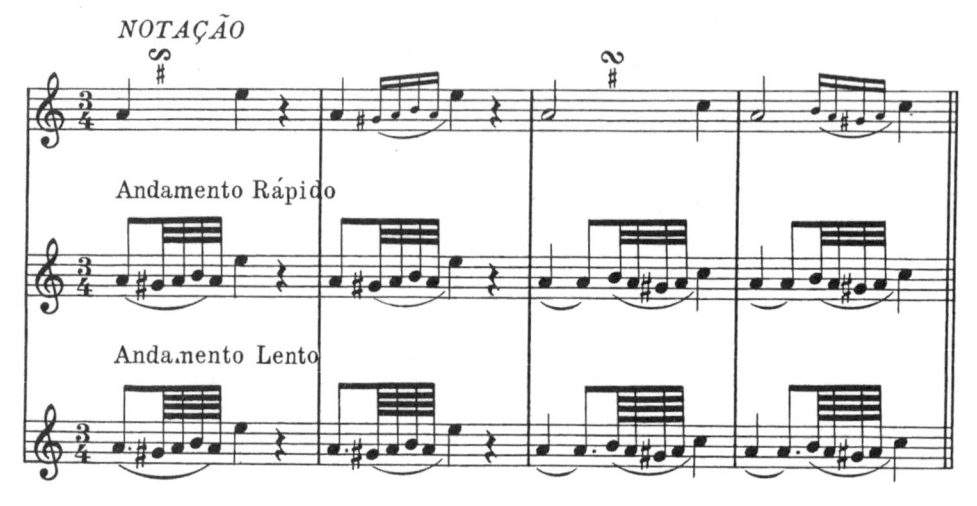

Nota Real Pontuada
Grupeto de 3 ou 4 notas

a) Num Compasso Ternário Simples, quando a nota pontuada preenche o compasso, o Grupeto toma o valor do ponto.

O mesmo acontece num Compasso Composto, quando a nota pontuada valer um tempo, o Grupeto toma o valor do ponto.

b) Quando a nota pontuada não preenche um tempo, divide-se esta em três partes.

A nota real pontuada passa a valer o seu 1º terço, as três primeiras notas do Grupeto o segundo terço e a última nota do Grupeto o terceiro terço, que é justamente o valor do ponto.

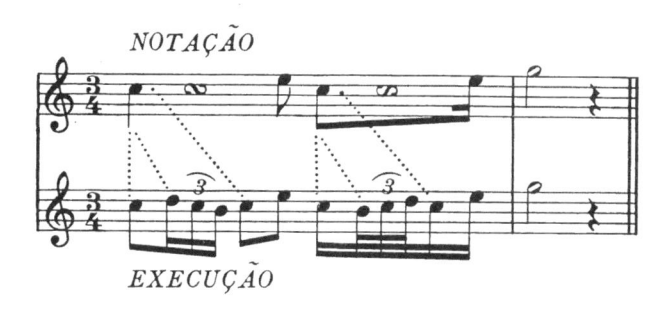

Floreio

Floreio — é o ornamento representado por uma nota ou grupo de notas de quantidade indeterminada, colocado entre duas notas reais.

a) Quando o Floreio é de uma só nota, tal uma Apogiatura Breve, se diferencia desta por não guardar o intervalo de 2ª Superior ou Inferior da nota real, subtraindo $\frac{1}{4}$ ou $\frac{1}{8}$ da nota anterior.

b) O Floreio formado por grupo de notas tira da nota real que a precede, sua última metade. Quando a 1ª nota vale mais de um tempo o Floreio é feito na última 4ª ou 8ª parte desta nota.

c) Se o Floreio está colocado antes da 1ª nota de um trecho, é executado na 1ª parte desta nota.

c) NOTAÇÃO

Movimento Rápido

Movimento Lento

Assim, a execução do Floreio pode ser feita sobre a nota real que o antecede ou sobre a nota seguinte a que está ligado.

Cadência

Cadência — é a execução livre de um grupo de várias notas, quase sempre após uma Fermata, que, ultrapassando o valor do compasso, guardam entre si uma relativa proporção nos seus valores de duração.

NOTAÇÃO   CADÊNCIA

EXECUÇÃO

Trinado

Trinado — é o ornamento que indica repetição rápida de duas notas, guardando intervalo de 2ª Maior ou menor da nota real.

O sinal do Trinado é representado pela abreviatura *tr* quando sobre uma nota, e quando abrange duas ou mais notas pelo sinal *tr*~~~.

Cada nota do Trinado recebe $\frac{1}{4}, \frac{1}{8}, \frac{1}{16}$ etc, do valor da nota real conforme o Andamento.

Há varias regras para o Trinado:

a) Quando o sinal *tr* está acima da nota real, começa-se o Trinado com a nota real, alternando com uma 2ª Maior ou menor superior.

b) Quando o Trinado aparece com uma pequena nota em forma de Apogiatura Breve Superior, antecedendo a nota real, começa-se o Trinado com esta pequena nota.

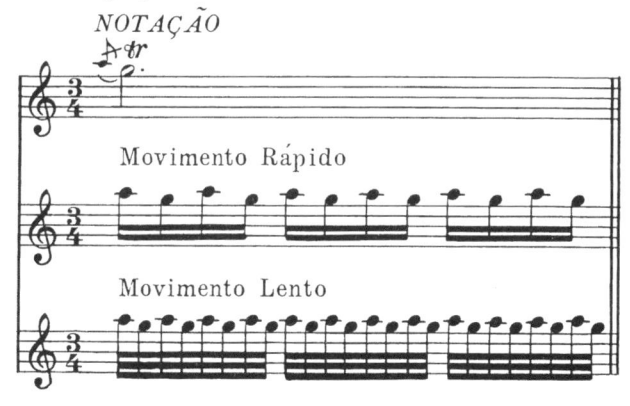

c) Se a pequena nota que antecede a nota real é inferior, executa-se esta pequena nota primeiramente, e o restante do Trinado alternando a nota real com uma 2ª Maior ou menor superior.

d) No final do Trinado usa-se também colocar notas em forma de Floreio. Se estas notas ultrapassarem o valor da nota real, completa-se o final do Trinado com quialteras, na última 4ª ou 8ª parte da nota real.

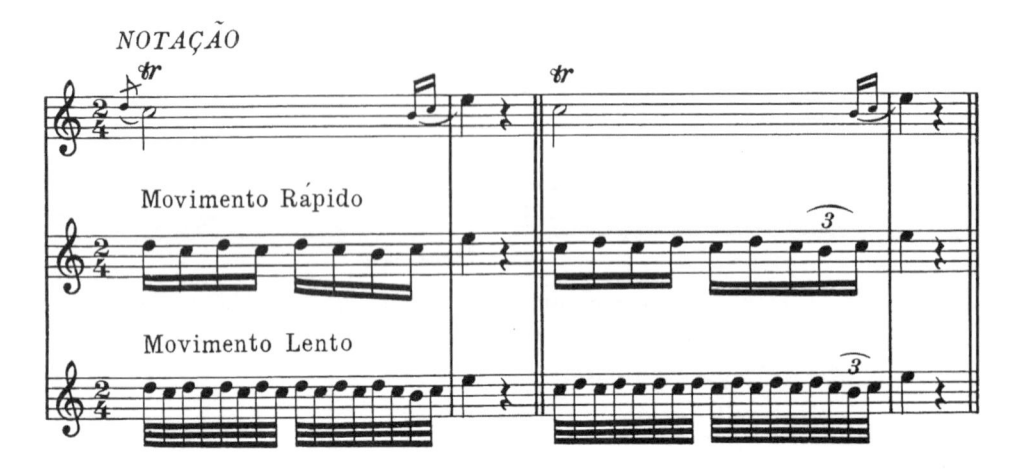

Quando no Trinado a nota superior for alterada coloca-se a alteração junto ao sinal ou acima da nota real.

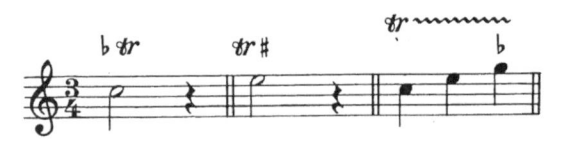

Glissando

Glissando — ornamento moderno, é o deslizamento rápido de notas intermediárias entre duas notas reais.

É representado por uma linha ondulada entre uma nota à outra ou pela abreviatura Gliss.

Na sua notação pode também ser representado por pequenas notas com seus valores correspondentes.

Questionário

1º - Como é representado o Grupeto ?
2º - Quando o Grupeto é Superior ou Inferior ?
3º - Como se executa o Grupeto de 3 notas quando o sinal está acima da nota real ?
4º - E quando está entre duas notas de entoação igual ?
5º - Como é executado o Grupeto de 4 notas ?
6º - Como se executam os Grupetos de 3 ou 4 notas quando a nota real é pontuada ?
7º - O que é Floreio ?
8º - O que é Cadência ?
9º - O que é Trinado ?
10º - O que é Glissando ?

Deveres

Realizar os ornamentos abaixo, nos Andamentos Rápidos e Lentos.

Solfejos com Ornamentos
Grupeto sobre a nota

Nº 148

Grupeto entre notas de mesma entoação

Nº 149

Grupeto entre duas notas de entoação diferente

Nº 150

Solfejo com Floreio

Nº 151

Solfejo com diversos Ornamentos

Nº 152

DITADO

Ditados nos Compassos Simples e Compostos em qualquer tom Maior ou menor, com ritmos variados.

Ave Maris Stella

A ve Máris stélla,　　　Dé i Má ter ál ma

Atque sem per Vír go　　　Fé lix coeli pórta.

Ave Maris Stella
(Notação Moderna)

A ve Ma ris te la

De i Ma ter al ma

At que sem per Vir go

Fe lix coe li por ta　A men

214

Ave Maris Stella

Pe. José Maurício Nunes Garcia

A--ve sem----pre be----la
Dá-nos vi------da ple----na

"Hino para as 1ᵃˢ e 2ᵃˢ Vesperas de Nossa Senhora"
Composto pelo Pe. José Maurício Nunes Garcia para a Real Capela do Rio de Janeiro. (*S.D.*)

A 1ª estrofe, que dá nome ao hino, é sempre cantada em gregoriano.
Entretanto, como o texto vai traduzido, utilizou-se a 1ª estrofe, por corresponder ao título.

De acordo com a tradição mantida na Real Capela, as estrofes do hino eram cantadas alternando-se o gregoriano com a música do Padre José Maurício.

218

Este hino figura sob o N.º 20 no "Catálogo Temático das Obras do Padre José Maurício Nunes Garcia, de Cleofe Person de Mattos" (*Edição do Conselho Federal de Cultura — M.E.C., 1970*).

Jesu Redemptor Omnium

Pe. José Maurício Nunes Garcia

Nas — ceu   o Deus Me — ni — no
Tu   es — pe — ran — ça do mun — do

"Hino das Vesperas e Matinas" do Natal. Composto pelo Padre José Maurício Nunes Garcia para a Real Capela.

Tra-zen-do ao mun---do Paz e A--mor
Tu, es-plen--dor e luz do Pai

Tra-zen-do ao mun---do Paz e A--mor
Tu, es-plen--dor e luz do Pai

Tra-zen-do ao mun---do Paz e A--mor
Tu, es-plen--dor e luz do Pai

Tr-zen-do ao mun---do Paz e A--mor
Tu, es-plen--dor e luz do Pai

És to-da a nos-sa a-le-gri---a
A-----ten--de a nos---sa pre---ce

És to--da a nos-sa a-le--gri--a
A-----ten--de a nos---sa pre---ce

És to--da a nos-sa a-le--gri---a
A-----ten--de a nos---sa pre---ce

És to--da a nos-sa a-le-gri---a
A-----ten--de a nos---sa pre---ce

6   +6   #3   6   #6   6   #3
                             4

Este hino figura sob o N.º 33 no "Catálogo Temático das Obras do Padre José Maurício Nunes Garcia."